ひらがなの れんしゅう (1)

ひらがなの かきじゅんと かたち

DATE
月《がつ》
日《にち》
よう日《び》

① つぎの ひらがなで 二《に》ばん目《め》に かく せんを なぞりましょう。

れい む

1 き
2 か
3 お
4 ほ
5 め
6 せ

◀ヤンチャム

② □の 中《なか》の ひらがなを なぞってから、ポケモンの なまえに あう ように ひらがなを かきましょう。

け ほ き ら ろ
は ま さ ち る

つ

◀ケロマツ

◀ハリマロン

り
ん

2

ひらがなの れんしゅう (2)

にごる 音《おと》と つまる 音《おと》

DATE
月《がつ》
日《にち》
よう日《び》

① ひらがなに 「゛」を かいて、下《した》の えの ことばに かえましょう。

1

かき

2

さる
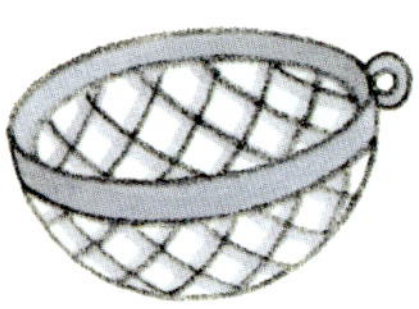

3

はね

4
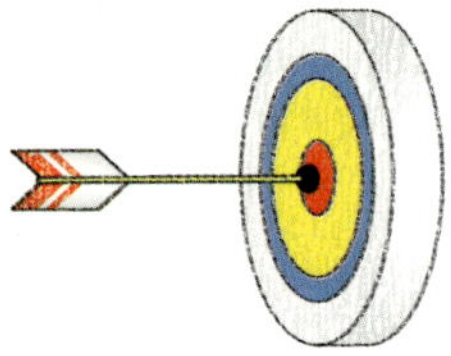
まと
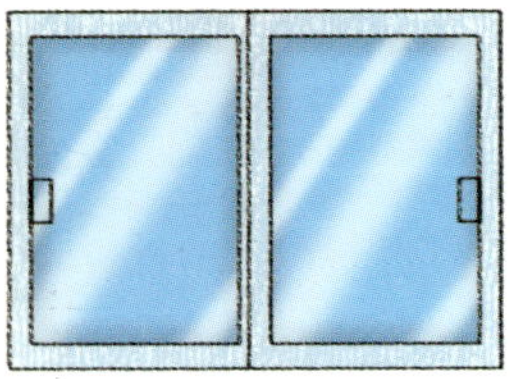

② えに あう 正《ただ》しい ことばの（ ）に、○を かきましょう。

1

（ ）ねっこ
（ ）ねこ

2
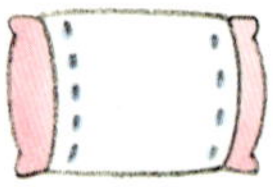
（ ）まくら
（ ）まっくら

③ えに あう ことばを かきましょう。

し□□

ら□□

3 ひらがなの れんしゅう (3)

のばす 音《おと》

DATE
月《がつ》
日《にち》
よう日《び》

① 正《ただ》しい ほうの （ ）に ○を かきましょう。

（　）へいがに

（　）へえがに

（　）よおてりい

（　）ようてりい

② えに あう ことばに □に ひらがなを かきましょう（かいたら よんで みましょう）。

ま□い□か と ぴちゅ□

ちかくに いる ハリマロン

と□く に いる

めえ□くる

4

小《ちい》さく かく 字《じ》

ひらがなの れんしゅう (4)

DATE 月《がつ》 日《にち》 よう日《び》

①えに あう ほうの （ ）に、○を つけましょう。

1
（ ）きようそう
（ ）きょうそう

2
（ ）がっしよう
（ ）がっしょう

3
（ ）やきゆう
（ ）やきゅう

4
（ ）べんきよう
（ ）べんきょう

②左《ひだり》の 文《ぶん》で、［ ］を つけた ことばは まちがえて います。□や □に 正《ただ》しく かきなおしましょう。

みつおくんは、[1]がつこうへ いきました。
[2]きようの [3]きゅうしよくで、
[4]ぎゆうにゆうを こぼして しまいました。

1 □□□□

2 □□□

3 □□□□□□

4 □□□□□□

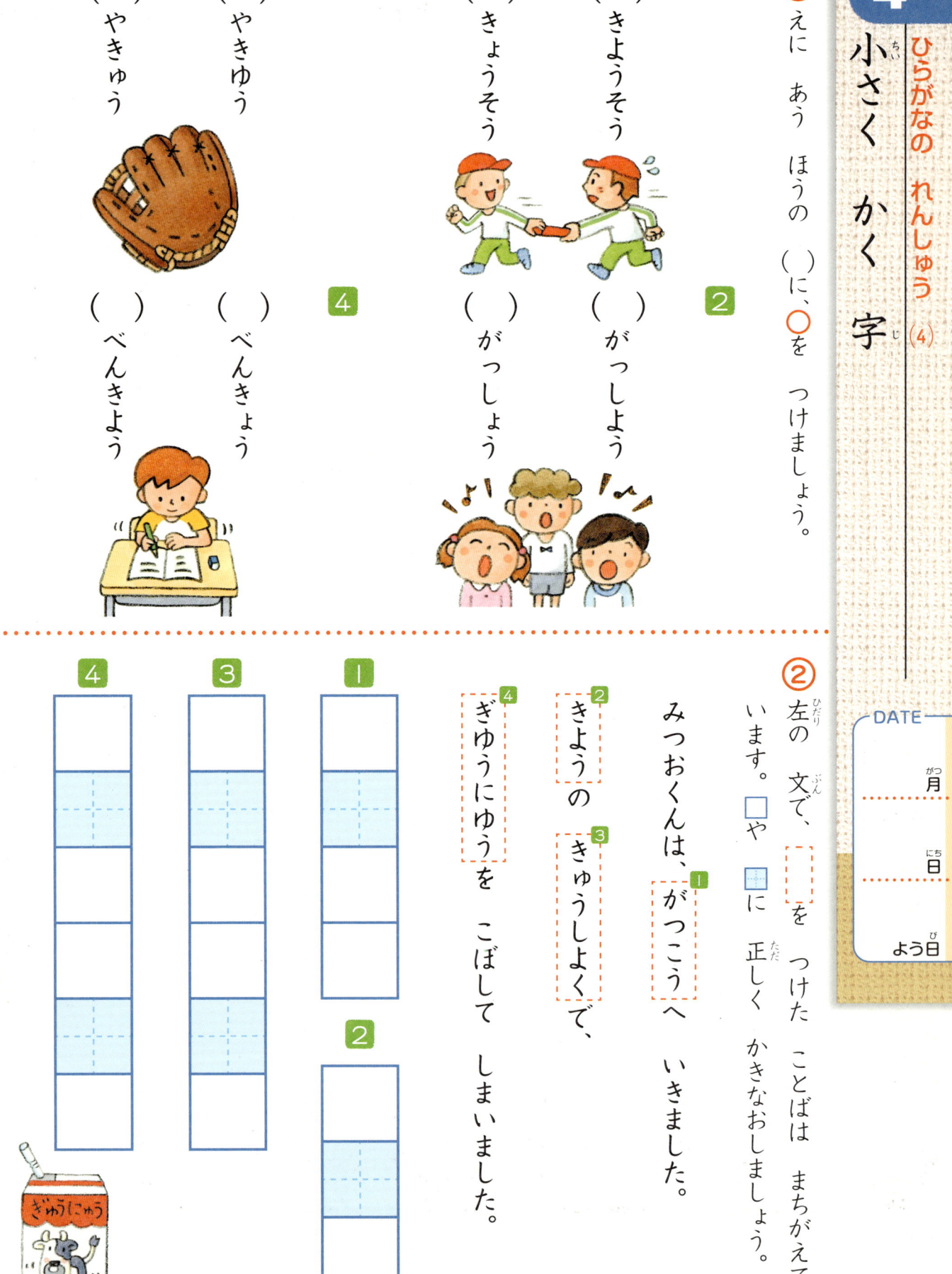

5 かなづかい

ひらがなの れんしゅう (5)

DATE

月《がつ》

日《にち》

よう日《び》

① 正《ただ》しい かなづかいは どちらでしょう。（ ）に ○を つけましょう。

1

▲コジョフー

こじょふう（ ）

こぢょふう（ ）

2

▲ニンフィア

にんひぃあ（ ）

にんふぃあ（ ）

3

▲ディアンシー

でぃあんしい（ ）

じぃあんしい（ ）

4

▲ラティアス

らちぃあす（ ）

らてぃあす（ ）

② 正《ただ》しい かなづかいの へやだけを とおって ゴールまで ━を ひいて すすみましょう。

正《ただ》しい ゴールに まって いるのは デデンネかな ヤヤコマかな。

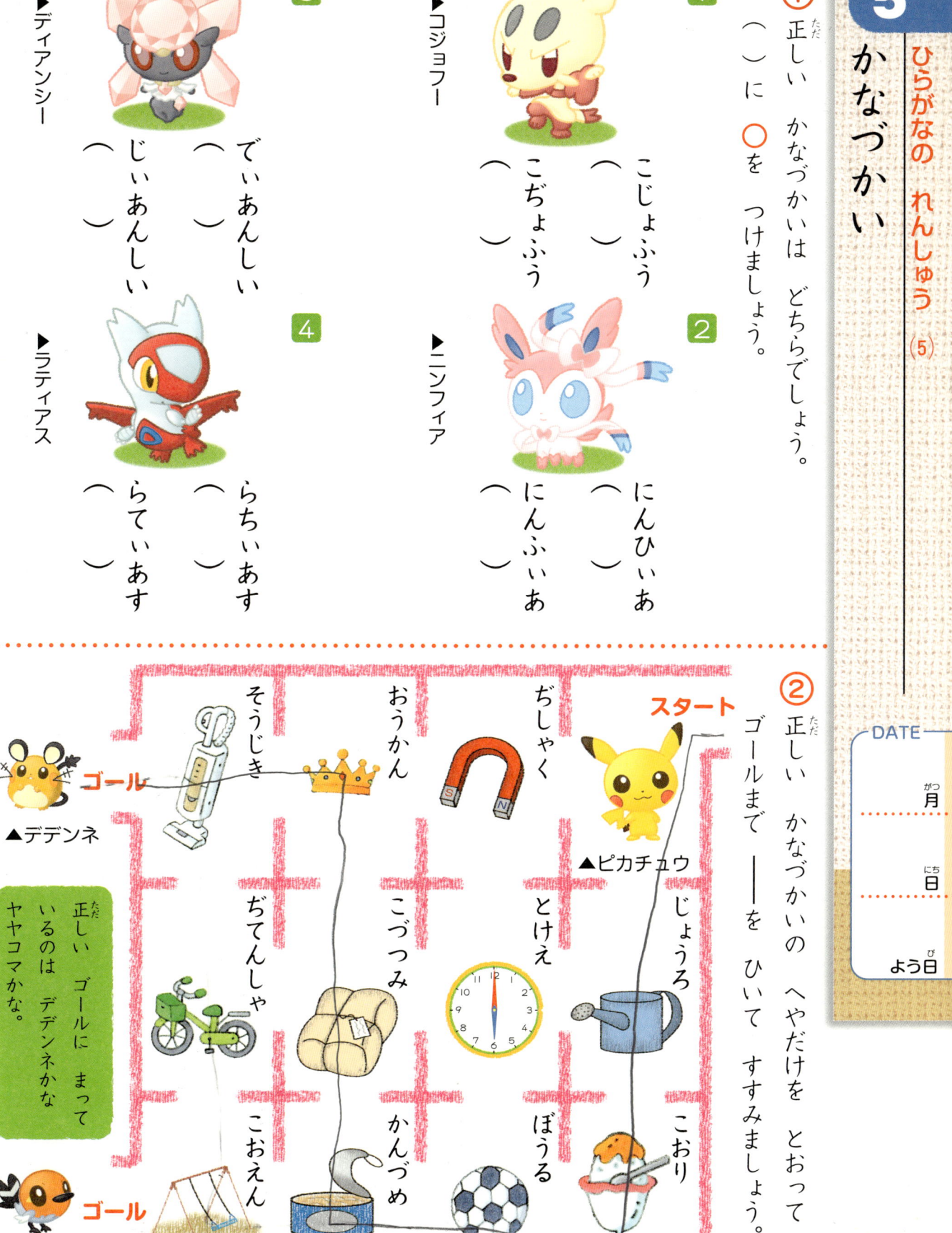

かたかなの れんしゅう (1)

かたかなの かきじゅんと かたち

DATE 月《がつ》 日《にち》 よう日《び》

① ←が さして いる ところは、なんばんめに かくでしょう。○の 中《なか》に すう字《じ》を かきましょう。

れい ウ ③

1 ト ○

2 ホ ○

3 ヲ ○

4 モ ○

② えに あう 正《ただ》しい ことばの （ ）に ○を かきましょう。

1 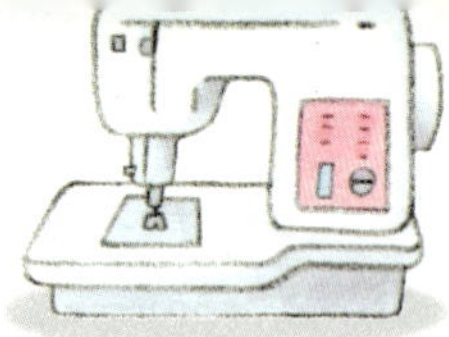

ミツン （ ）

ミシン （ ）

2 

メロン （ ）

メロソ （ ）

② えに あうように、□に かたかなを かきましょう。

1 

あいす

□イス

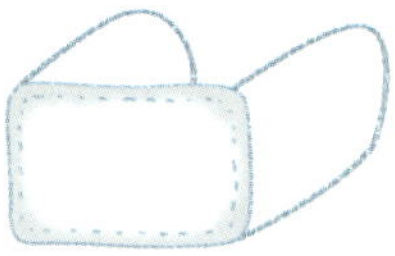

ますく

□スク

2 

かめ

□メ

ばなな

バ□□

3 

てにす

□ニス

らいおん

□イオン

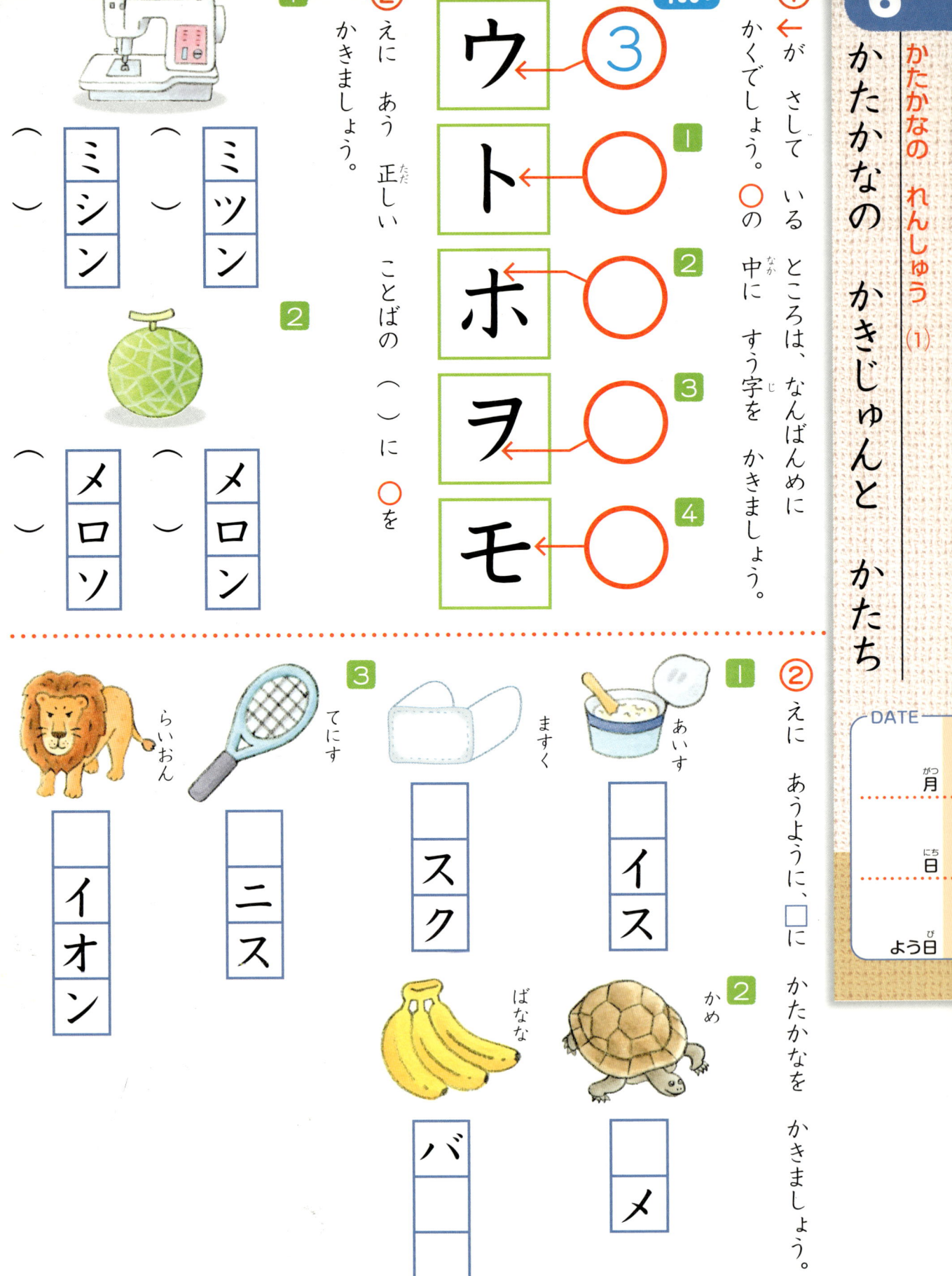

かたかなの れんしゅう (2)

にごる 音《おと》と つまる 音《おと》

DATE
月《がつ》
日《にち》
よう日《び》

① ポケモンの なまえに あう ように かたかなに 「゛」や 「゜」を つけましょう。

サント

ヒカチュウ

ケンカー

ヘロッハフ

※ポケモンの 名《な》まえは ふろくの シールに のって いるよ。

② ポケモンの なまえに あう ように □に かたかなを かきましょう。

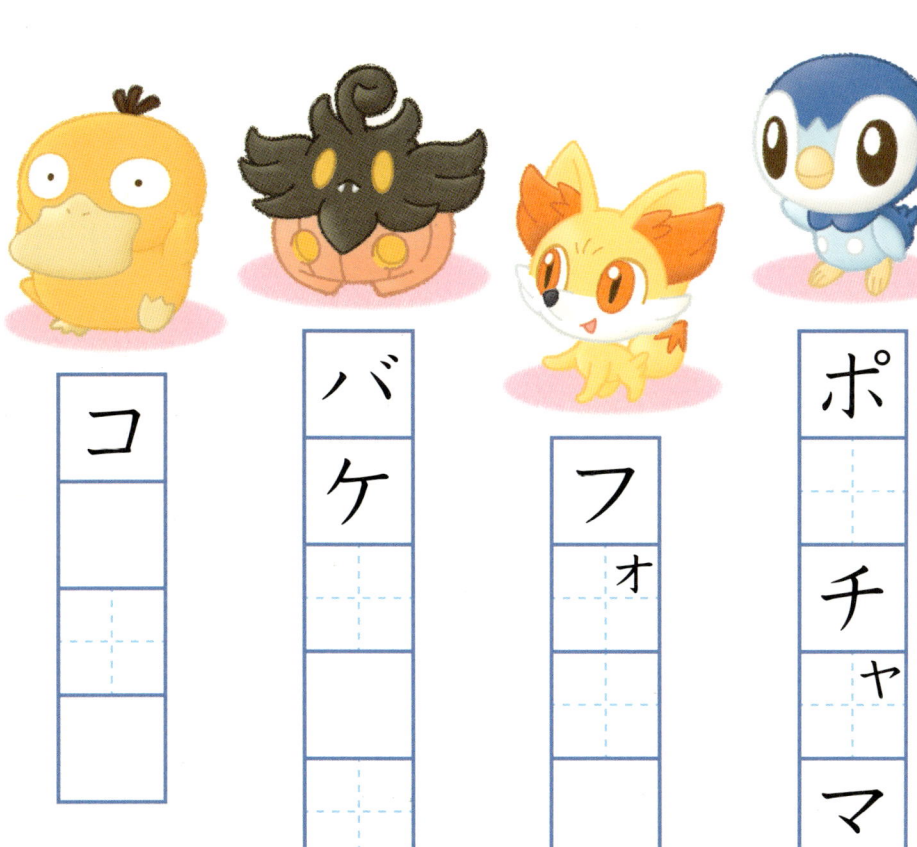

ポ□チャマ

フォ□□

バケ□□

コ□□□

※ポケモンの 名《な》まえは ふろくの シールに のって いるよ。

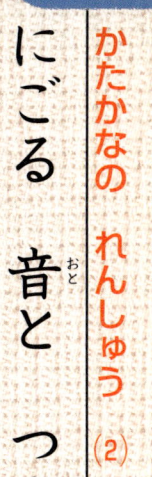

かたかなの れんしゅう (3)

のばす 音《おと》と 小《ちい》さく かく 字《じ》

DATE
月《がつ》
日《にち》
よう日《び》

① えを 見《み》て、□の 中《なか》に かたかなを かきましょう。

ハンバ□□□

グロ□□

サッ□□ボ□□

□□□ライス

ヘリコ□□□

② えを 見《み》て、□の 中《なか》に かたかなを かきましょう。

チ□□レ□ト

ジ□□ス

シ□□クリ□□

キ□□デ□

チ□□リ□

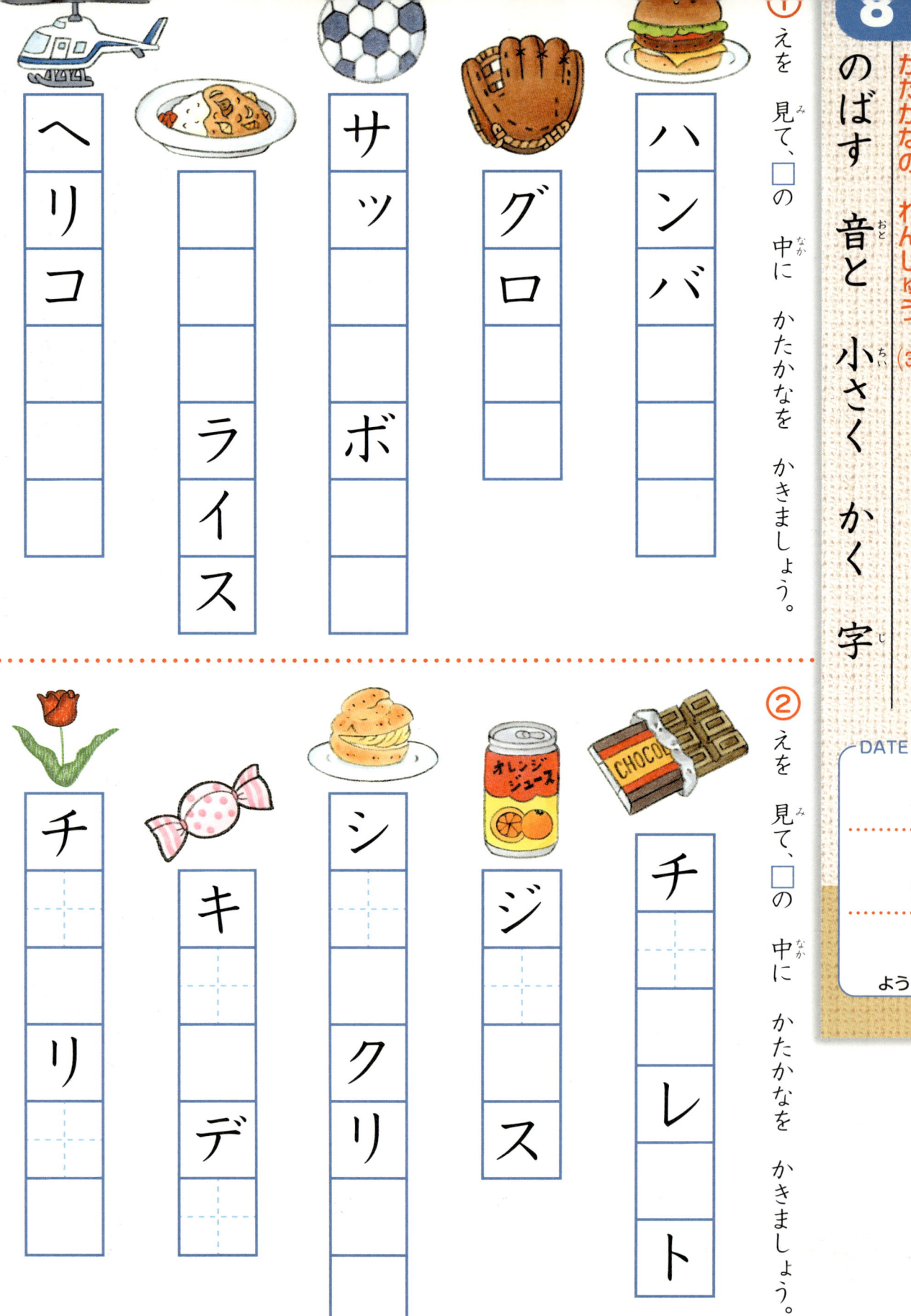

かたかなの れんしゅう (4)

ひらがなと かたかな

① ひらがなの カードから ポケモンの 名《な》まえを つくり、かたかなで □に かきましょう。カードは 一《いっ》かいだけしか つかえません。

1　ら　ら　あ
2　ろ　や　も

る　す　あ　に

す　ま　ぷ　ょ　も　ち

※ポケモンの 名《な》まえは ふろくの シールに のって いるよ。

② ひらがなと かたかなの くみあわせが 正《ただ》しい へやだけを とおって すすみましょう。

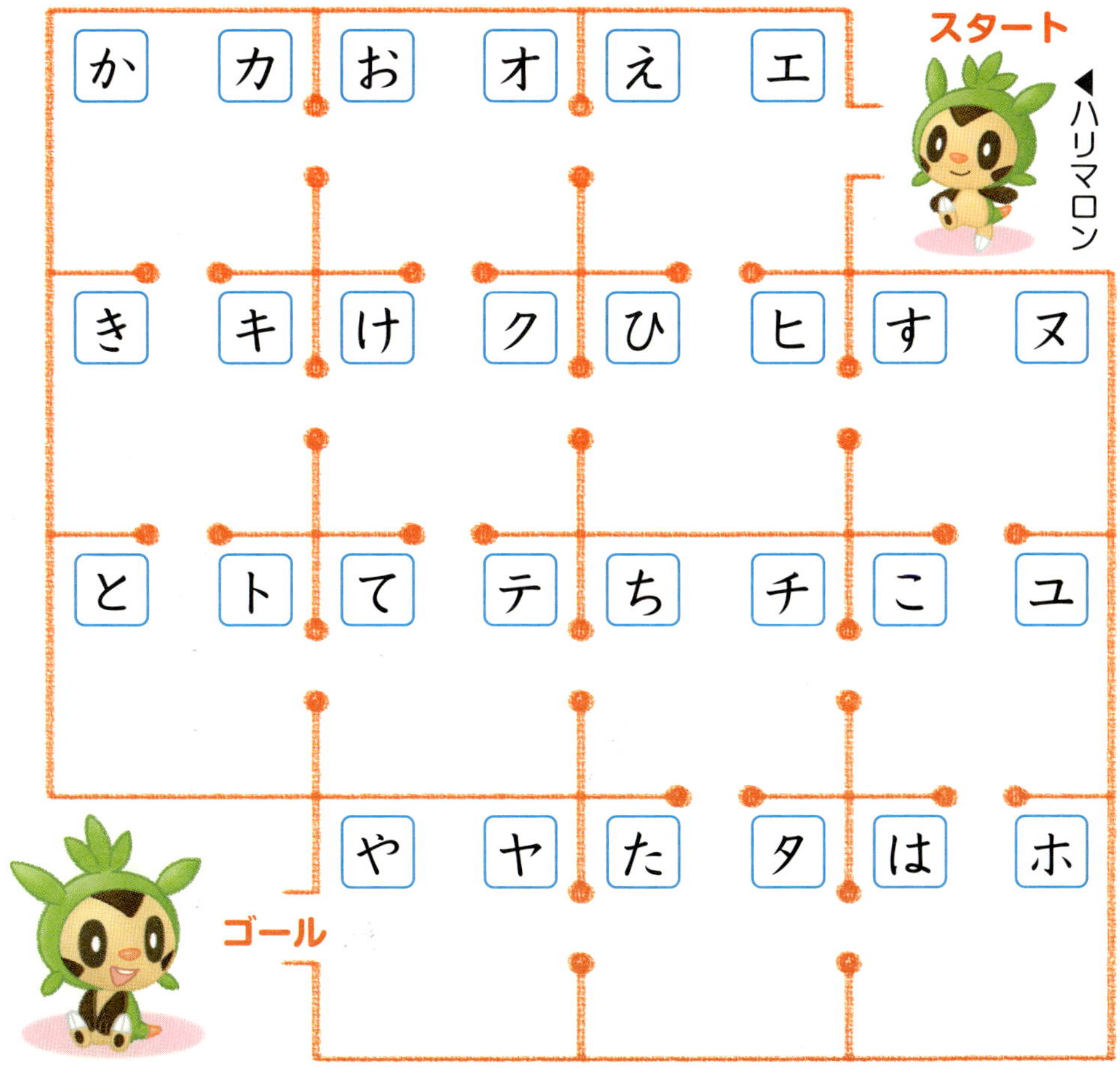

かん字《じ》の れんしゅう (1)

一《いち》・二《に》・三《さん》・四《し》

DATE 月《がつ》 日《にち》 よう日《び》

① うすい 字《じ》を なぞって かん字《じ》を かきましょう。

一	二	三	四
イチ イツ / ひと ひと(つ)	ニ / ふた ふた(つ)	サン / み み(つ) みっ(つ)	シ / よ よ(つ) よっ(つ) よん
一	一 二	一 二 三	｜ 冂 冖 罒 四
一 一 一	二 二 二	三 三 三	四 四 四
一《いち》ばん 一《いっ》こ 一《ひと》つ	二《に》ひき 二《ふた》つ 二日《ふつか》	三《さん》だい 三日月《みかづき》 三《みっ》つ	四月《しがつ》 四《よっ》つ 四《よん》ひき

② ——の かん字《じ》の よみがなを、（ ）に ひらがなで かきましょう。

1 りんごが 一こ。（ ）

2 二ひきの 犬《いぬ》。（ ）

3 車《くるま》が 三だい。（ ）

4 四月《がつ》生《う》まれ（ ）

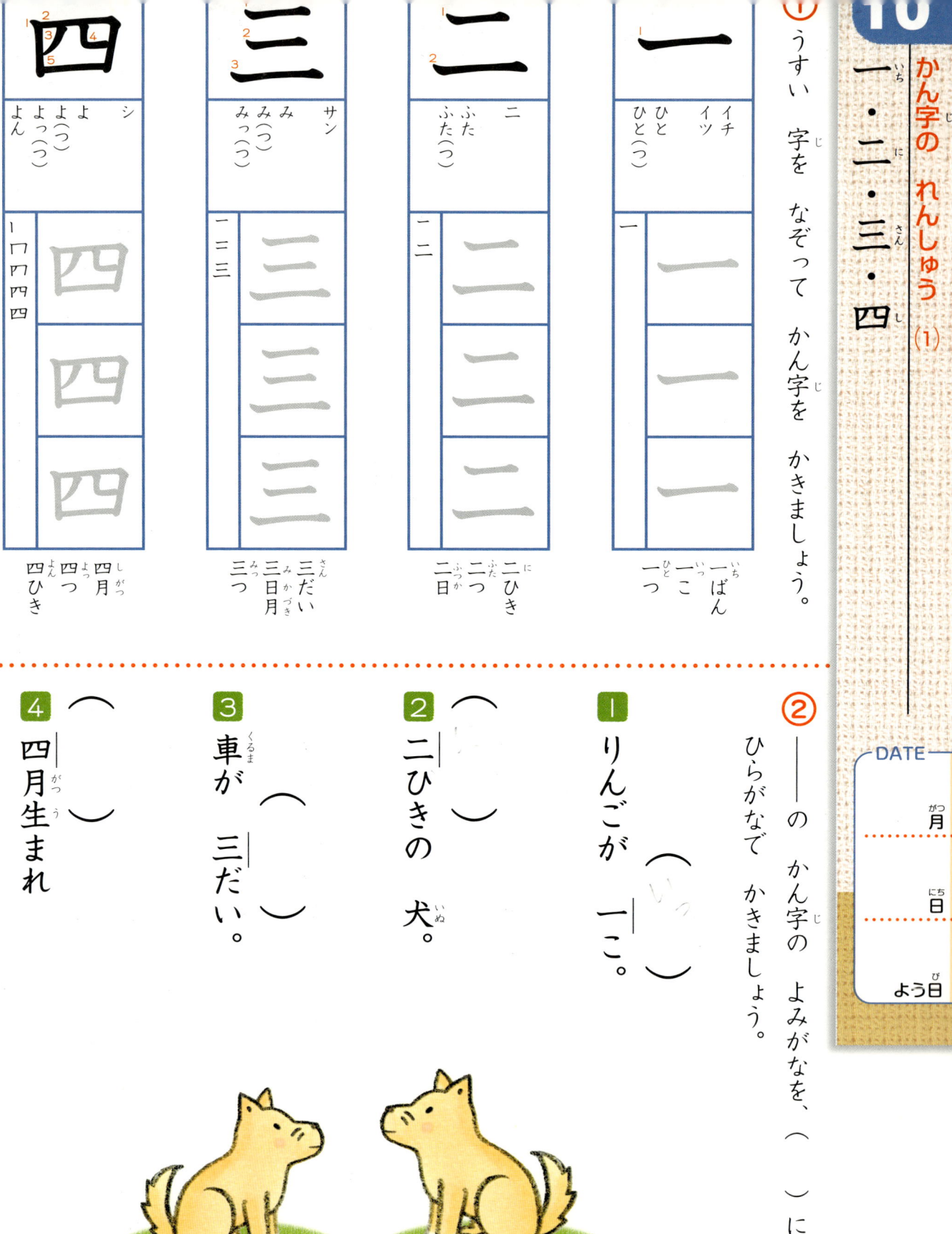

かん字《じ》の れんしゅう (2) 五《ご》・六《ろく》・七《なな》・八《はち》

DATE
月《がつ》
日《にち》
よう日《び》

① うすい 字《じ》を なぞって かん字《じ》を かきましょう。

五
ゴ
いつ
いつ(つ)
一 丆 万 五
五 五 五
五《ご》ひき
五《いつ》つ

六
ロク
む
む(つ)
むっ(つ)
むい
丶 亠 六 六
六 六 六
六《ろく》まい
六《ろっ》ぴき
六《むっ》つ
六日《むいか》

七
シチ
なな
なな(つ)
なの
一 七
七 七 七
七五三《しちごさん》
七《なな（しち）》ひき
七日《なのか》

八
ハチ
や
や(つ)
やっ(つ)
よう
ノ 八
八 八 八
八《はち》かい
八《はっ》こ
八《やっ》つ
八日《ようか》

② ——の かん字《じ》の よみがなを、（　）に ひらがなで かきましょう。

1 カクレオンが 五ひき。（　　）

2 六まいの かみ。（　　）

3 七ひきの ヌメラ。（　　）

4 八つの 石《いし》。（　　）

▶カクレオン

▶ヌメラ

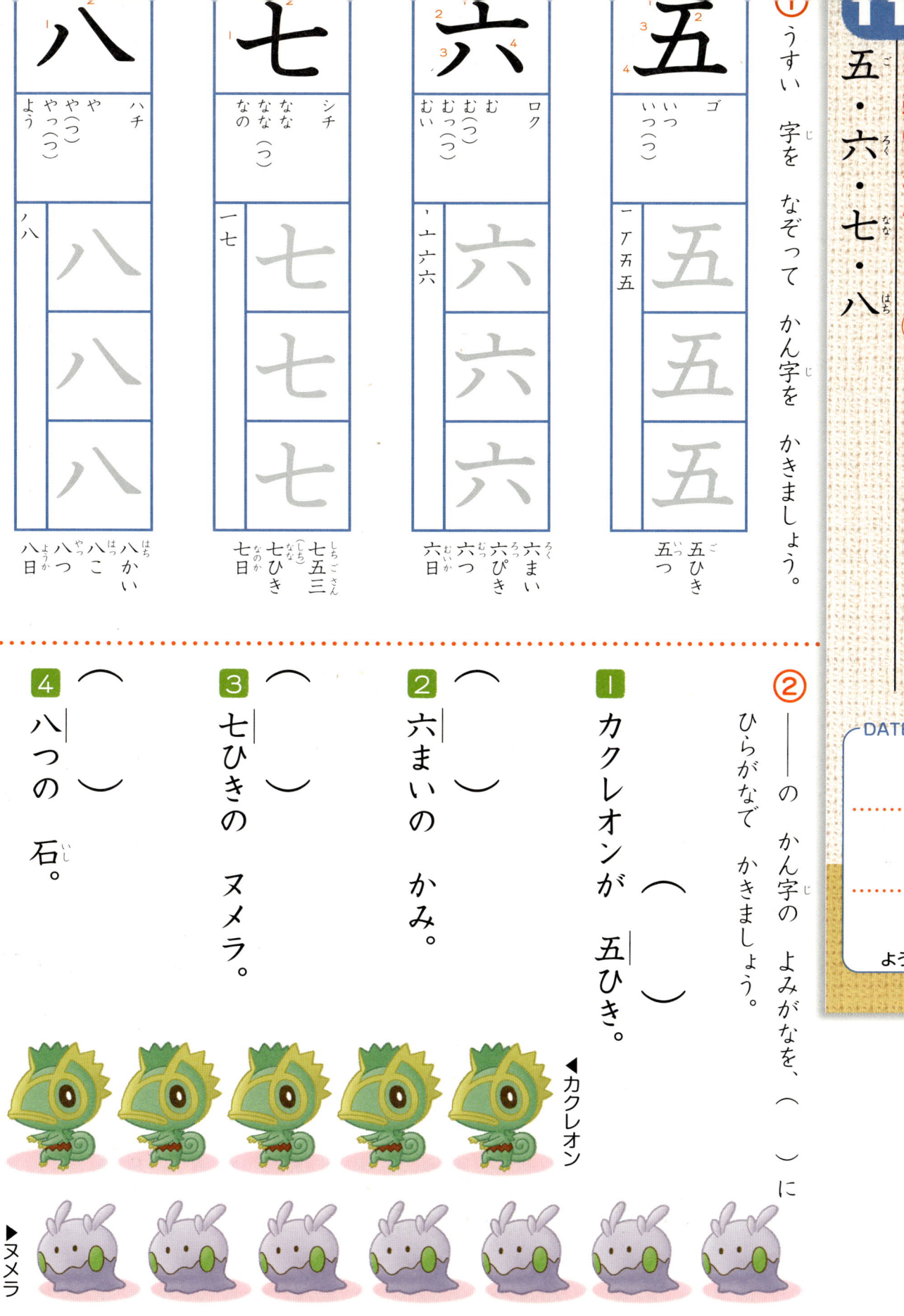

かん字《じ》の れんしゅう (3)

九《きゅう》・十《じゅう》・月《つき》・日《ひ》

DATE　月《がつ》　日《にち》　よう日《び》

① うすい 字《じ》を なぞって かん字《じ》を かきましょう。

九
キュウ　ク
ここの　ここの(つ)
ノ 九
九　九　九
九《きゅう》こ　九月《くがつ》　九《ここの》つ

十
ジュウ　ジッ(ジュッ)
とお　と
一 十
十　十　十
十人《じゅうにん》　十本《じっぽん(じゅっ)》　十日《とおか》

月
ゲツ　ガツ
つき
ノ 刀 月 月
月　月　月
月《げつ》よう日《び》　一月《いちがつ》　月《つき》　三日月《みかづき》

日
ニチ　ジツ
ひ　か
丨 冂 日 日
日　日　日
休日《きゅうじつ》　日《にち》よう日《び》　日《ひ》にち

② ——の かん字《じ》の よみがなを、(　)に ひらがなで かきましょう。

1 (　　) 九本《ほん》の 花《はな》。

2 (　　) 十人《にん》で わける。

3 きれいな 月。(　　)

4 (　　)(　　) 日よう日に いく。

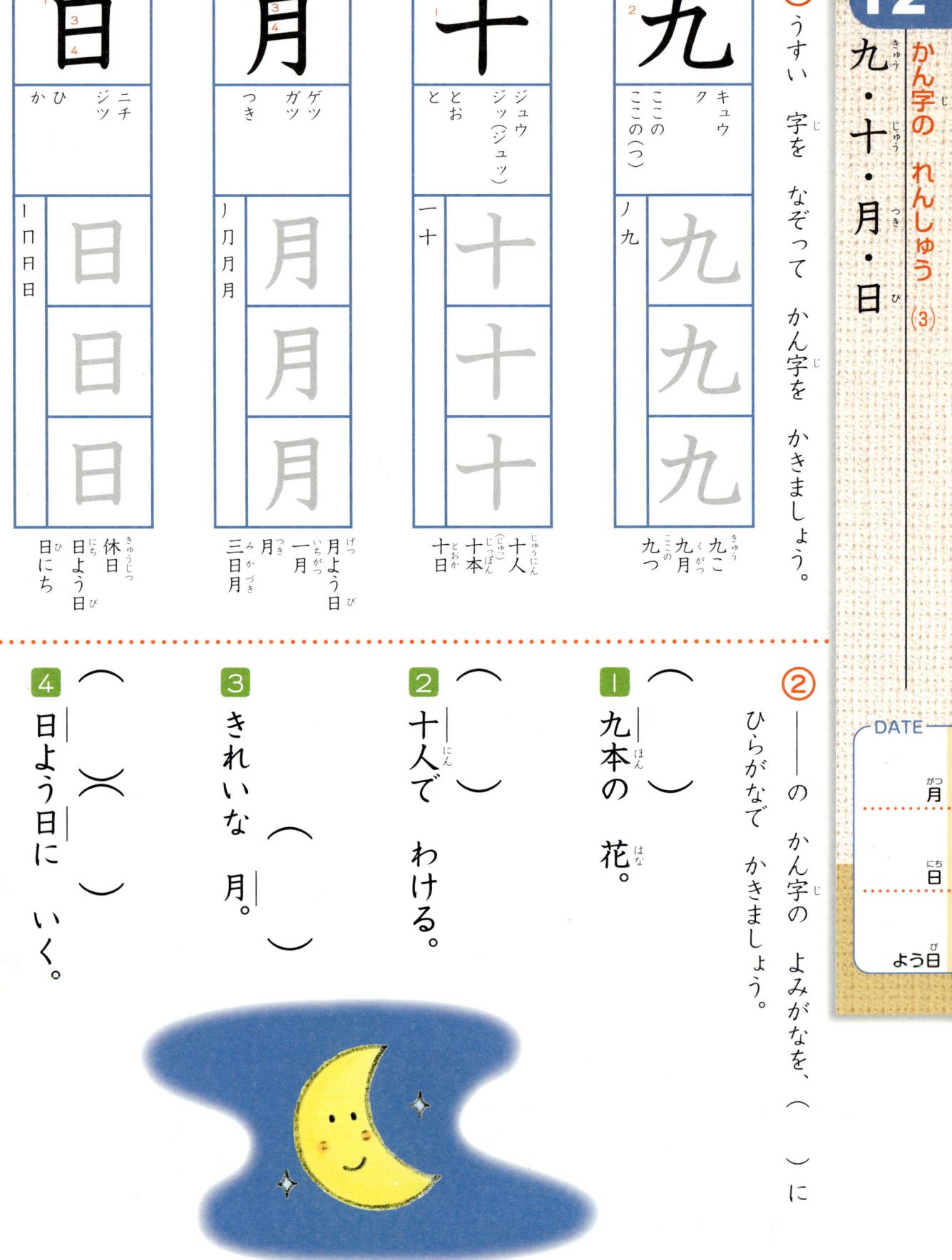

かん字《じ》の れんしゅう (4)

山《やま》・川《かわ》・木《き》・人《ひと》

DATE
月《がつ》
日《にち》
よう日《び》

① うすい 字《じ》を なぞって かん字《じ》を かきましょう。

山	川	木	人
サン やま	かわ	ボク モク き こ	ジン ニン ひと
丨 山 山	丿 川 川	一 十 才 木	ノ 人
山 山 山	川 川 川	木 木 木	人 人 人
山村《さんそん》 火山《かざん》 山《やま》のぼり	川上《かわかみ》 天《あま》の川《がわ》 小川《おがわ》	大木《たいぼく》 木目《もくめ》 木《き》 木立《こだち》	人生《じんせい》 三人《さんにん》 人《ひと》

② ——の かん字《じ》の よみがなを、（　）に ひらがなで かきましょう。

1 （　　）山に のぼる。

2 （　　）川へ いく。

3 （　　）木よう日《び》

4 （　　）人ぎょうで あそぶ。

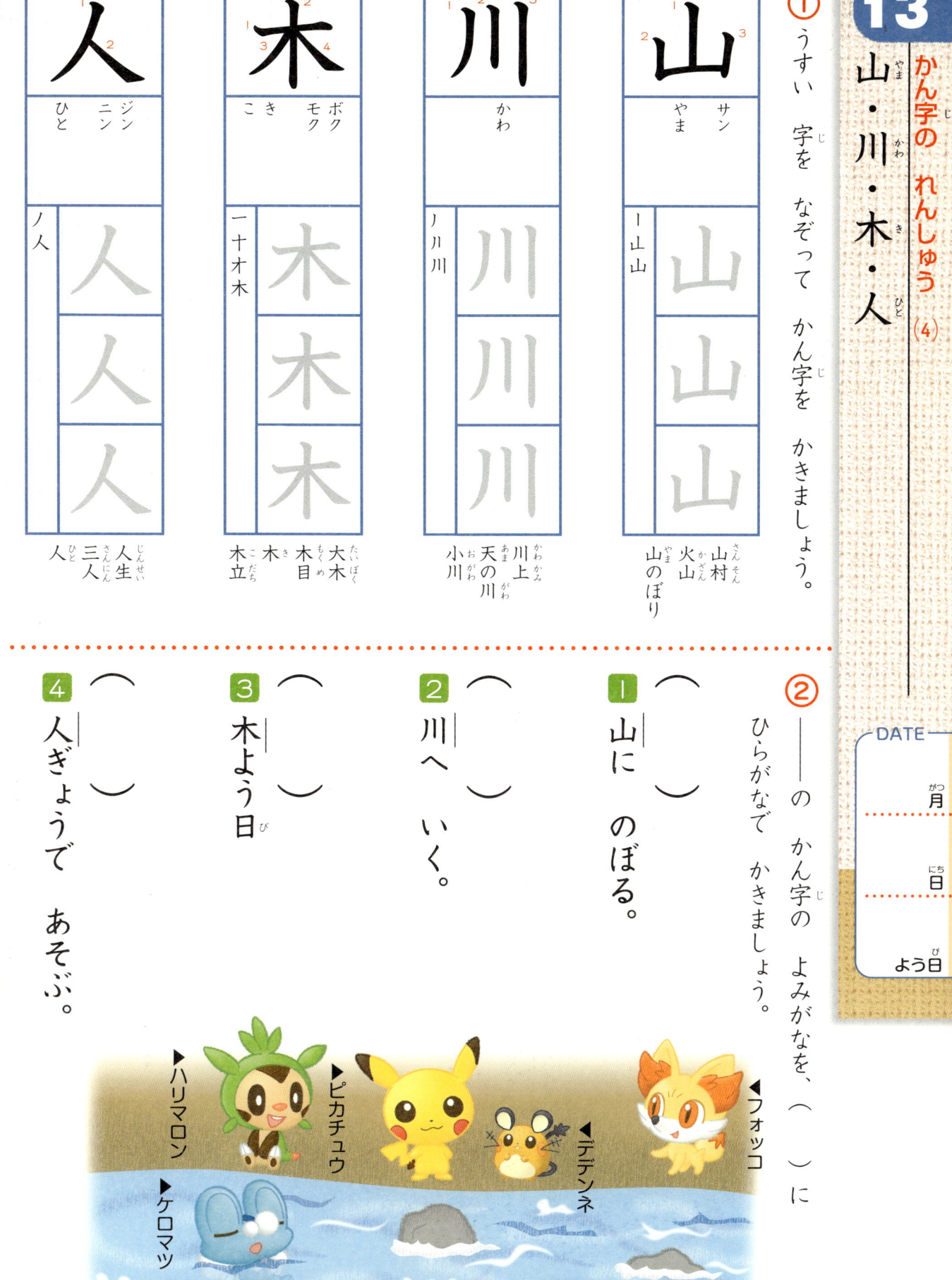

かん字《じ》の れんしゅう (5)

上《うえ》・下《した》・大《だい》・小《しょう》

DATE

月《がつ》

日《にち》

よう日《び》

① うすい 字《じ》を なぞって かん字《じ》を かきましょう。

上

ジョウ
うえ あ(がる)
うわ のぼ(る)
かみ
あ(げる)

丨 ⺊ 上

上 上 上

ちょう上《じょう》
上《うえ》
上《あ》げる
上《のぼ》る

下

カ・ゲ
した くだ(す)
しも くだ(さる)
くだ(る)
さ(げる) さ(がる)
お(りる) お(ろす)

一 丅 下

下 下 下

上下《じょうげ》
下《した》
下《くだ》る
下《お》ろす
下《さ》げる

大

ダイ
タイ
おお
おお(きい)
おお(いに)

一 ナ 大

大 大 大

大学《だいがく》
大気《たいき》
大空《おおぞら》

小

ショウ
ちい(さい)
こ
お

亅 小 小

小 小 小

小学生《しょうがくせい》
小《ちい》さい
小《こ》とり
小川《おがわ》

② ——の かん字《じ》の よみがなを、( )に ひらがなで かきましょう。

1 ちょう上に つく。 ( )

2 下を 見《み》る。 ( )

3 大きい つくえ。 ( )

4 小学《がく》生《せい》 ( )

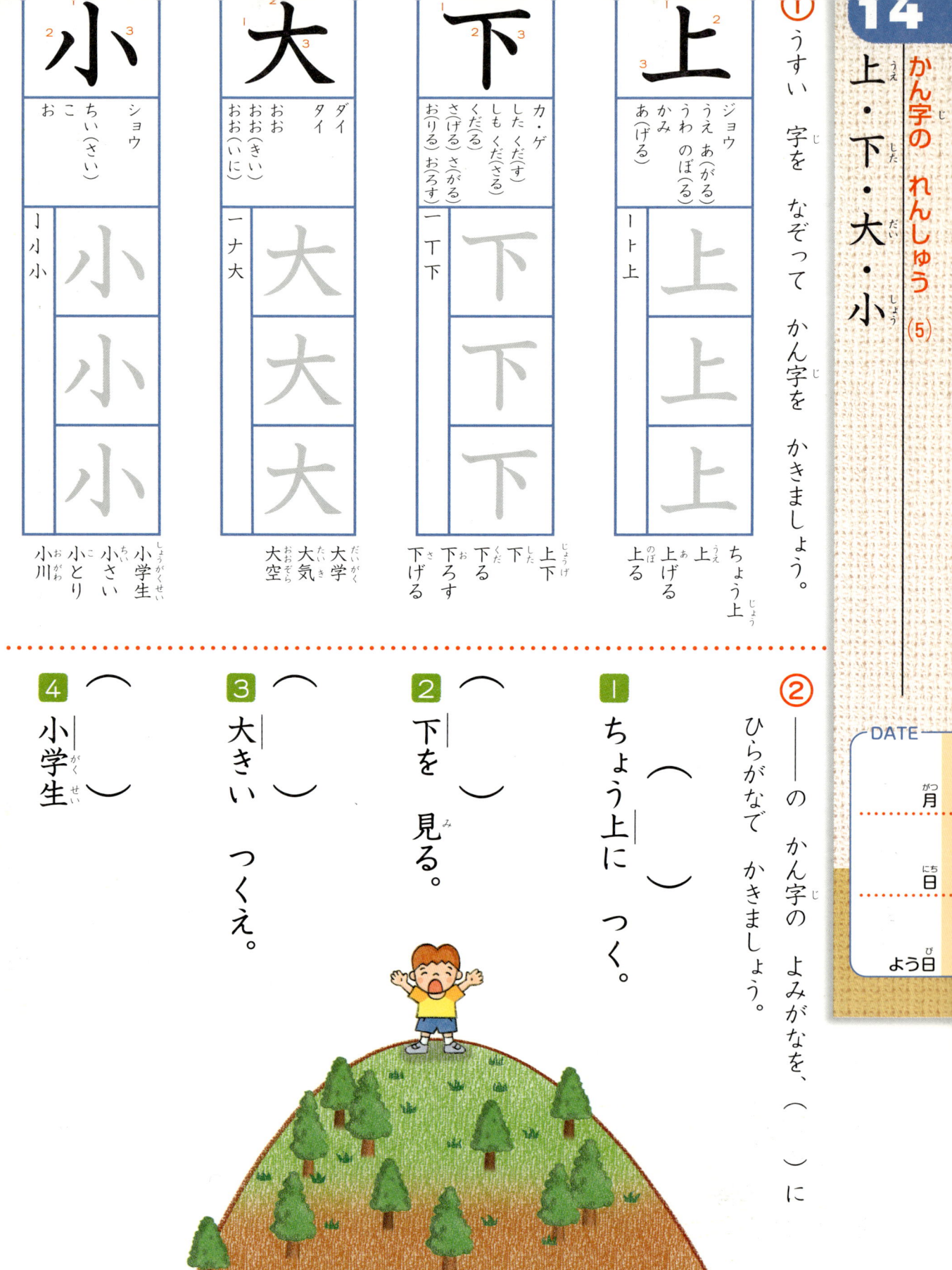

かん字《じ》の れんしゅう (6)

中《なか》・口《くち》・先《せん》・生《せい》

① うすい 字《じ》を なぞって かん字《じ》を かきましょう。

中
チュウ ジュウ
なか
丨 口 口 中
中《ちゅう》くらい
水中《すいちゅう》
まん中《なか》

口
コウ ク
くち
丨 口 口
人口《じんこう》
口《くち》ちょう
入《い》り口《ぐち》

先
セン
さき
ノ ⺧ 牛 生 生 先
先《せん》とう
先《さき》に いく

生
セイ ショウ
い(きる) は(える) い(かす) は(やす) い(ける) なま う(まれる) う(む)
ノ ⺧ 牛 牛 生
先生《せんせい》
生《い》け花《ばな》
生《う》み出《だ》す
生水《なまみず》

② ――の かん字《じ》の よみがなを、（　）に ひらがなで かきましょう。

1 みちの まん中。（　　）

2 へやの 入《い》り口。（　　）

3 先に いく。（　　）

4 先生の かばん。（　　）

DATE
月《がつ》
日《にち》
よう日《び》

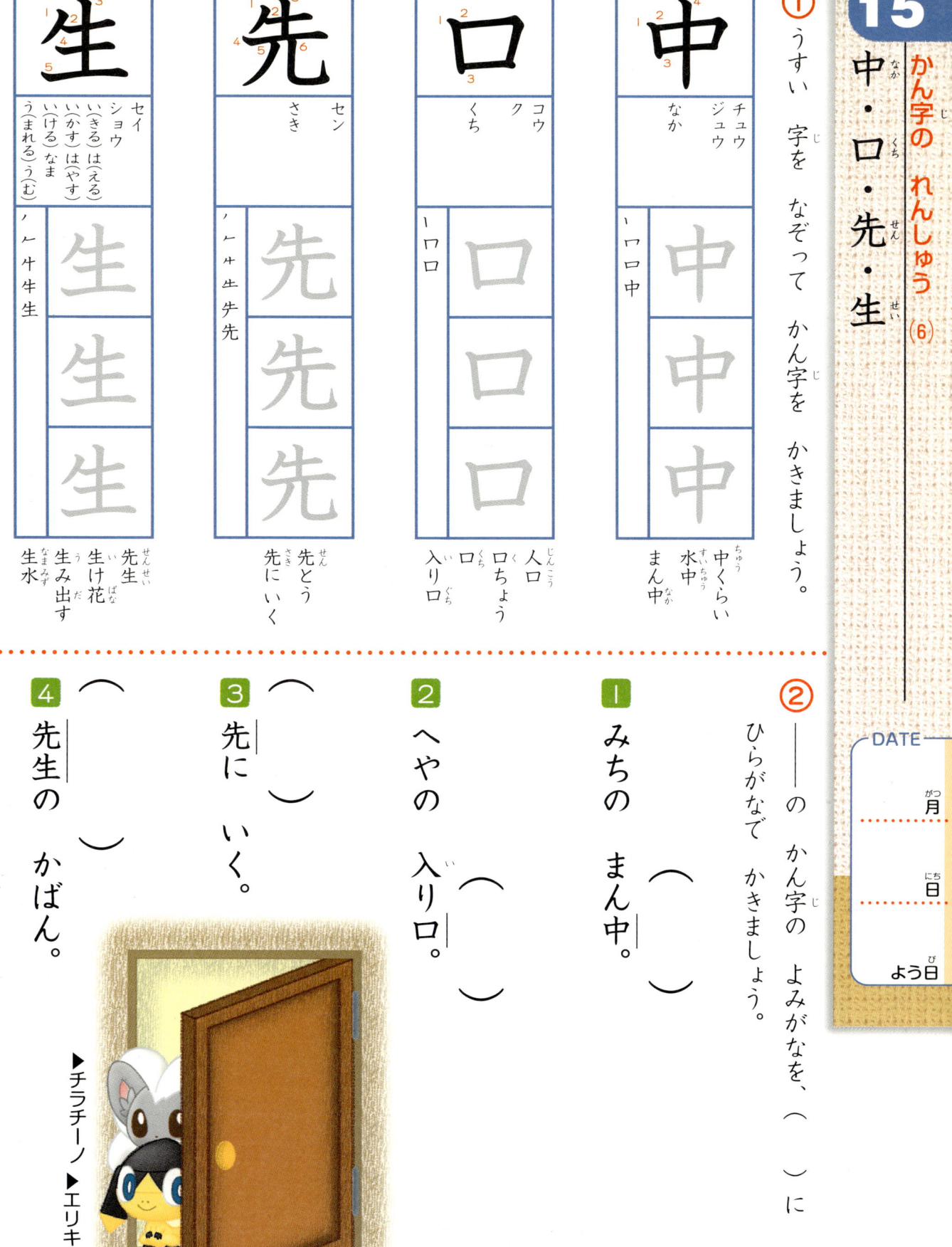

かん字《じ》の れんしゅう (7)

力《ちから》・目《め》・文《ぶん》・字《じ》

① うすい 字《じ》を なぞって かん字《じ》を かきましょう。

力
リョク リキ ちから
フカ
力 力 力
学力《がくりょく》
人力車《じんりきしゃ》
百人力《ひゃくにんりき》
力《ちから》

目
モク め
丨冂冃月目
目 目 目
五目《ごもく》そば
目上《めうえ》
目《め》

文
ブン モン
丶亠ナ文
文 文 文
文学《ぶんがく》
天文学《てんもんがく》
文字《もじ》

字
ジ
丶丷宀宁字字
字 字 字
字《じ》
文字《もじ》

② ――の かん字《じ》の よみがなを、（　）に ひらがなで かきましょう。

1 （　　）力 いっぱい はしる。

2 （　　）目ぐすりを さす。

3 （　　）文を かく。

4 （　　）字を かく。

DATE
月《がつ》
日《にち》
よう日《び》

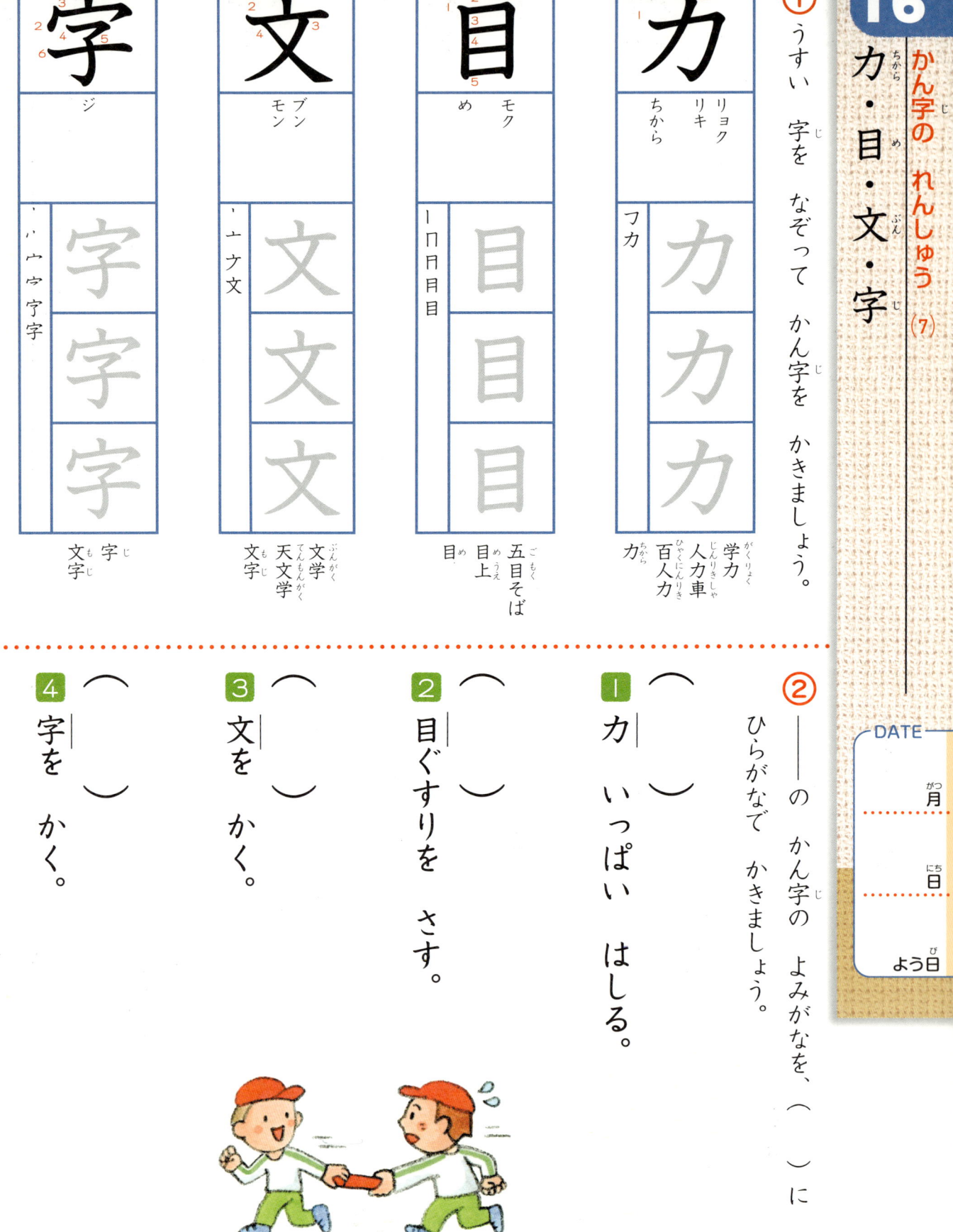

かん字《じ》の れんしゅう (8) 子《こ》・夕《ゆう》・名《めい》・本《ほん》

DATE
月《がつ》
日《にち》
よう日《び》

① うすい 字《じ》を なぞって かん字《じ》を かきましょう。

子　シ　ス　こ
フ了子
女子《じょし》　子《こ》ども

夕　ゆう
ノクタ
夕立《ゆうだち》　夕日《ゆうひ》　七夕《たなばた》

名　メイ　ミョウ　な
ノクタタ名名
名人《めいじん》　名字《みょうじ》　名《な》まえ

本　ホン　もと
一十才木本
本人《ほんにん》　手本《てほん》

② ——の かん字《じ》の よみがなを、（　）に ひらがなで かきましょう。

1 大人《おとな》と （　　）子ども。

2 （　　）夕がたまで あそぶ。

3 （　　）名ふだを つける。

4 （　　）本を よむ。

▶フォッコ

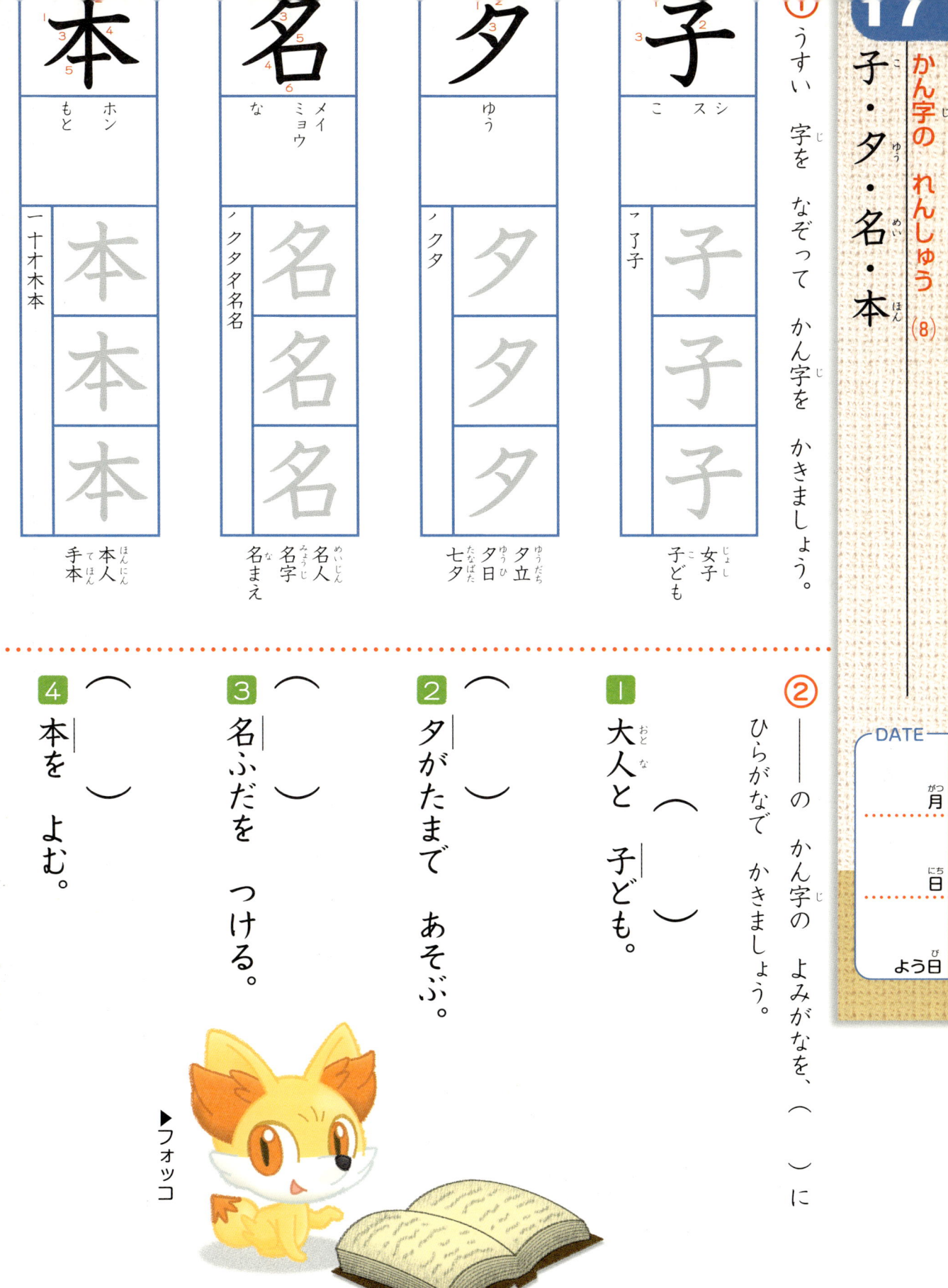

かん字《じ》の れんしゅう ⑨

左《ひだり》・右《みぎ》・千《せん》・百《ひゃく》

① うすい 字《じ》を なぞって かん字《じ》を かきましょう。

左　サ　ひだり
一 ナ 𠂇 左 左
左　左　左
左右《さゆう》
左《ひだり》

右　ウ　ユウ　みぎ
ノ ナ 𠂇 右 右
右　右　右
左右《さゆう》
右《みぎ》
右手《みぎて》

千　セン　ち
ノ 二 千
千　千　千
千《せん》
千円《せんえん》
二千円《にせんえん》
千《ち》よがみ

百　ヒャク
一 ア 了 百 百 百
百　百　百
百人《ひゃくにん》
百円《ひゃくえん》

② ――の かん字《じ》の よみがなを、（　）に ひらがなで かきましょう。

1 （　　）左右を よく 見《み》る。

2 （　　）右がわを あるく。

3 （　　）千ばづるを おる。

4 （　　）百てんの テスト。

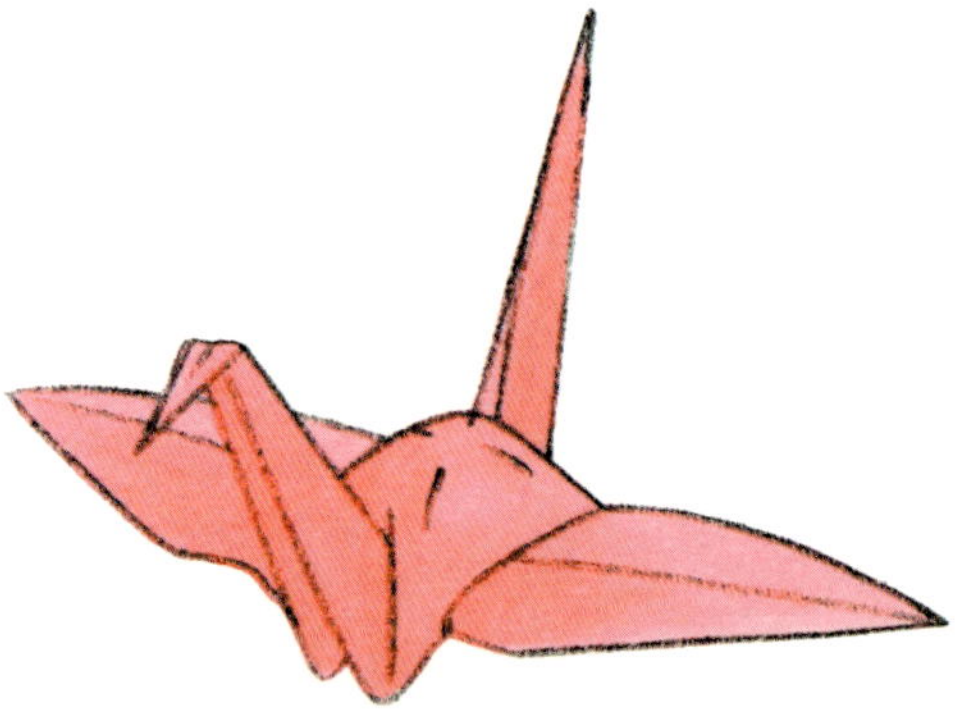

DATE
月《がつ》
日《にち》
よう日《び》

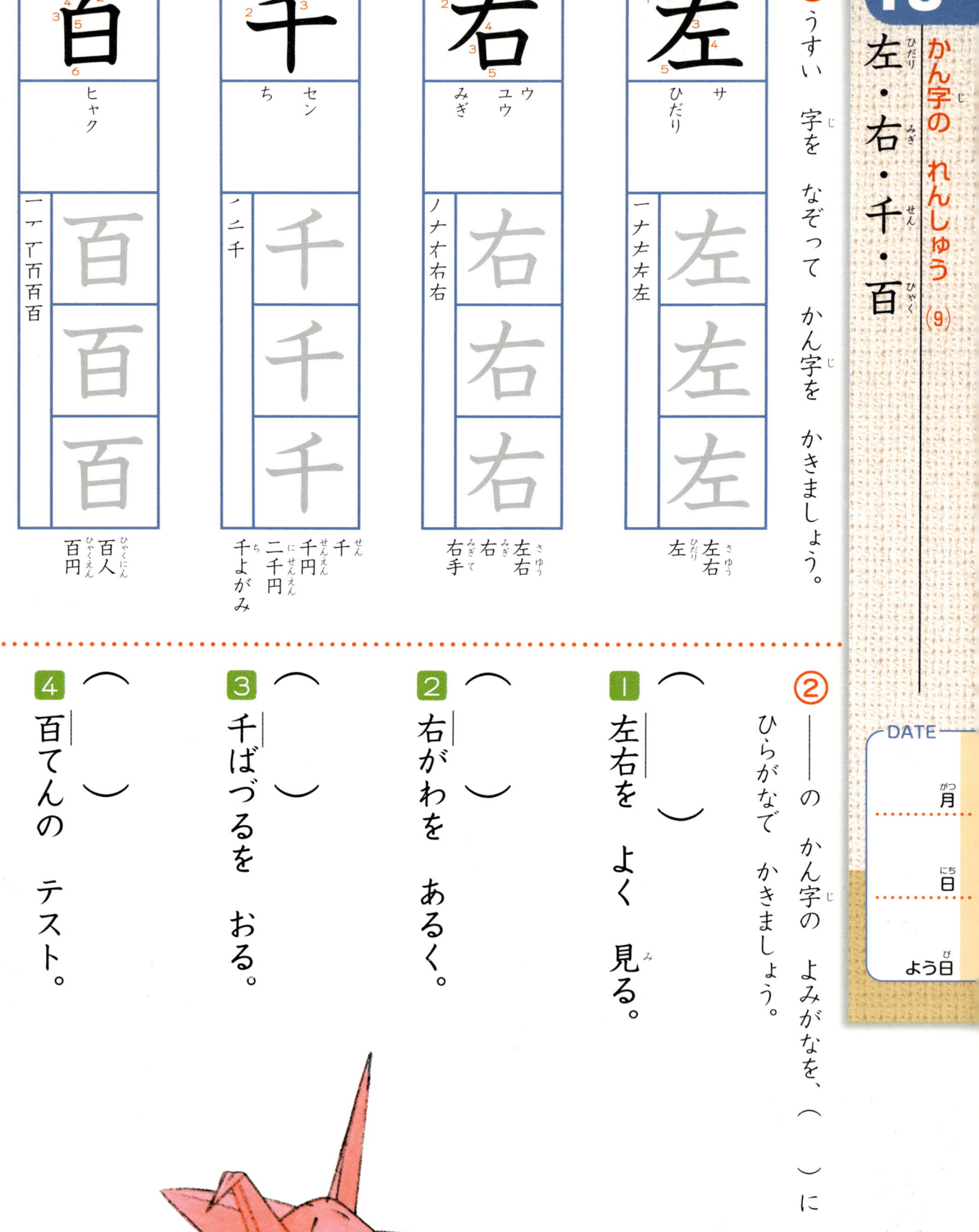

かん字《じ》の れんしゅう ⑽

円《えん》・年《ねん》・田《た》・土《つち》

DATE
月《がつ》
日《にち》
よう日《び》

① うすい 字《じ》を なぞって かん字《じ》を かきましょう。

円　エン　まる(い)
丨 冂 円 円
円《えん》　一円《いちえん》　円《まる》い

年　ネン　とし
丿 𠂉 ⺧ 𠂉 㐄 年
年月《ねんげつ》　年下《としした》

田　デン　た
丨 冂 日 田 田
水田《すいでん》　田《た》んぼ

土　ド　ト　つち
一 十 土
ねん土《ど》　土手《どて》　土地《とち》　赤土《あかつち》

② ――の かん字《じ》の よみがなを、（　）に ひらがなで かきましょう。

1 一円玉《だま》（　　）

2 一年生の（　　）きょうしつ。

3 広《ひろ》い（　　）田んぼ。

4 雨《あめ》の（　　）土よう日《び》。

▶カビゴン

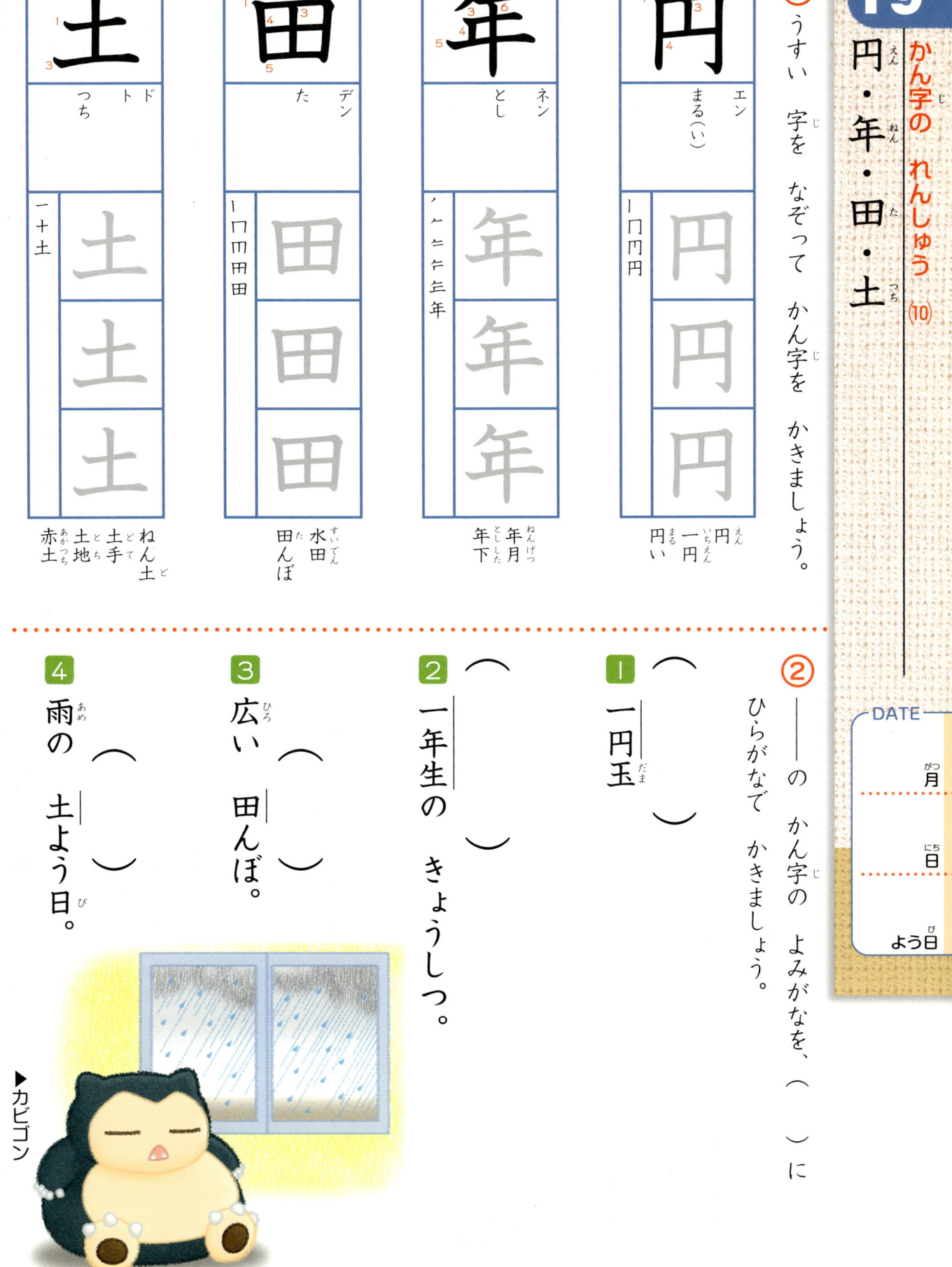

かん字《じ》の れんしゅう ⑪

石《いし》・火《ひ》・水《みず》・金《きん》

DATE 月《がつ》 日《にち》 よう日《び》

① うすい 字《じ》を なぞって かん字《じ》を かきましょう。

かん字	音読み	訓読み	書き順	ことば
石	セキ シャク	いし	一 ア 不 石 石	か石《せき》 じ石《しゃく》 小石《こいし》
火	カ	ひ	、 い ソ 火	火力《かりょく》 火山《かざん》 火《ひ》 花火《はなび》
水	スイ	みず	亅 才 水	水車《すいしゃ》 水草《みずくさ》
金	キン コン	かね かな	ノ 人 亼 今 全 全 余 金	金《きん・かね》 金色《きんいろ(こんじき)》 金目《かねめ》 金《かな》づち

② ――の かん字《じ》の よみがなを、（　）に ひらがなで かきましょう。

1 石を はこぶ。（　）

2 たき火に あたる。（　）

3 水えいの せん手《しゅ》。（　）

4 金色《いろ》に ひかる。（　）

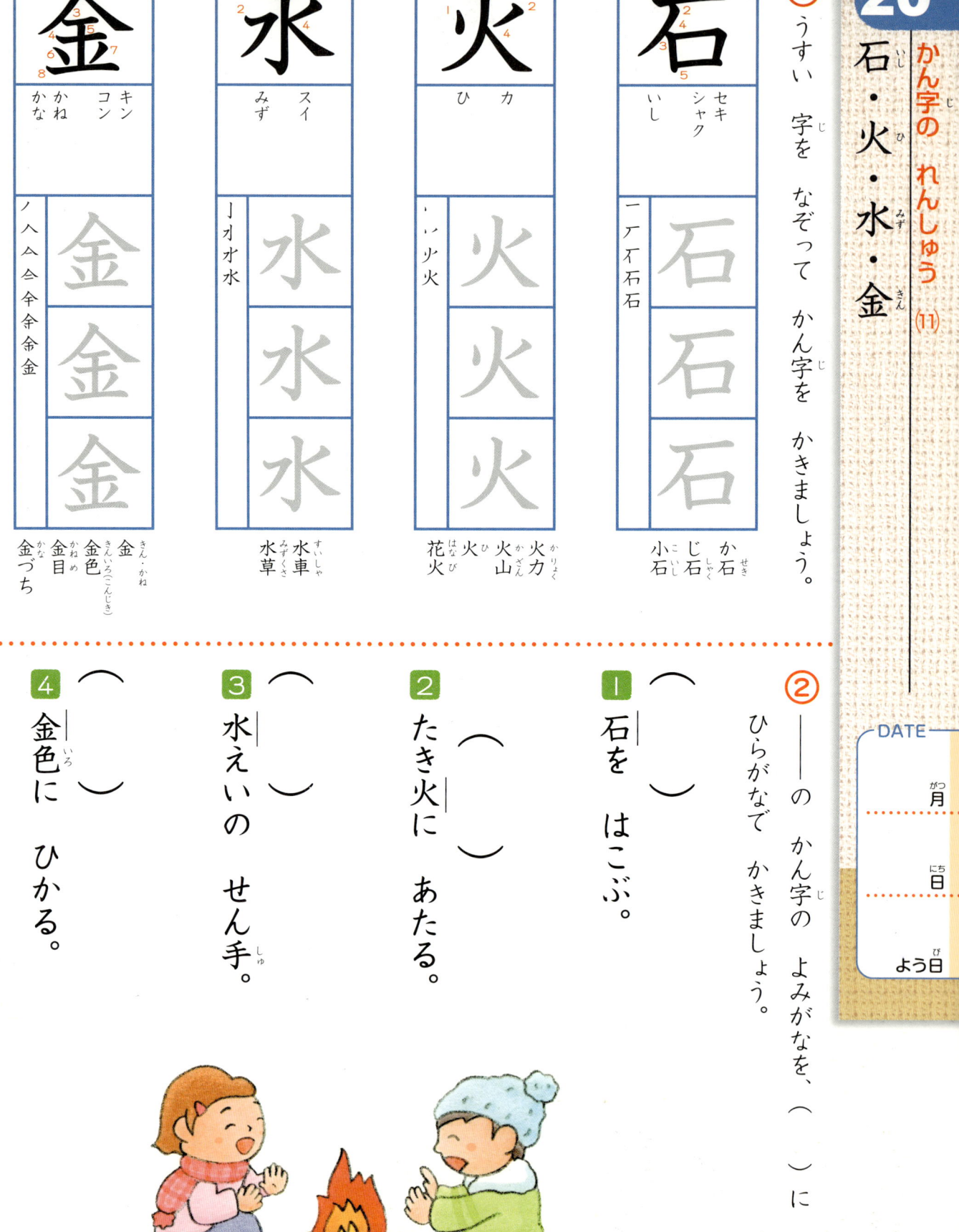

かん字《じ》の れんしゅう ⑫

竹《たけ》・林《はやし》・森《もり》・草《くさ》

DATE　月《がつ》　日《にち》　よう日《び》

① うすい 字《じ》を なぞって かん字《じ》を かきましょう。

竹　チク　たけ
ノ ⺈ ⺮ 𥫗 竹
竹林《ちくりん》　竹《たけ》とんぼ

林　リン　はやし
一 十 オ 木 木 村 材 林
森林《しんりん》　山林《さんりん》　林《はやし》

森　シン　もり
森林《しんりん》　森《もり》

草　ソウ　くさ
一 十 廾 艹 芦 苔 苩 荁 草
海草《かいそう》　草原《そうげん》　草《くさ》　草花《くさばな》

② ――の かん字《じ》の よみがなを、（　）に ひらがなで かきましょう。

1 （　　）竹やぶに かくれる。

2 （　　）林で 休《やす》む。

3 （　　）森林へ いく。

4 （　　）草とりを する。

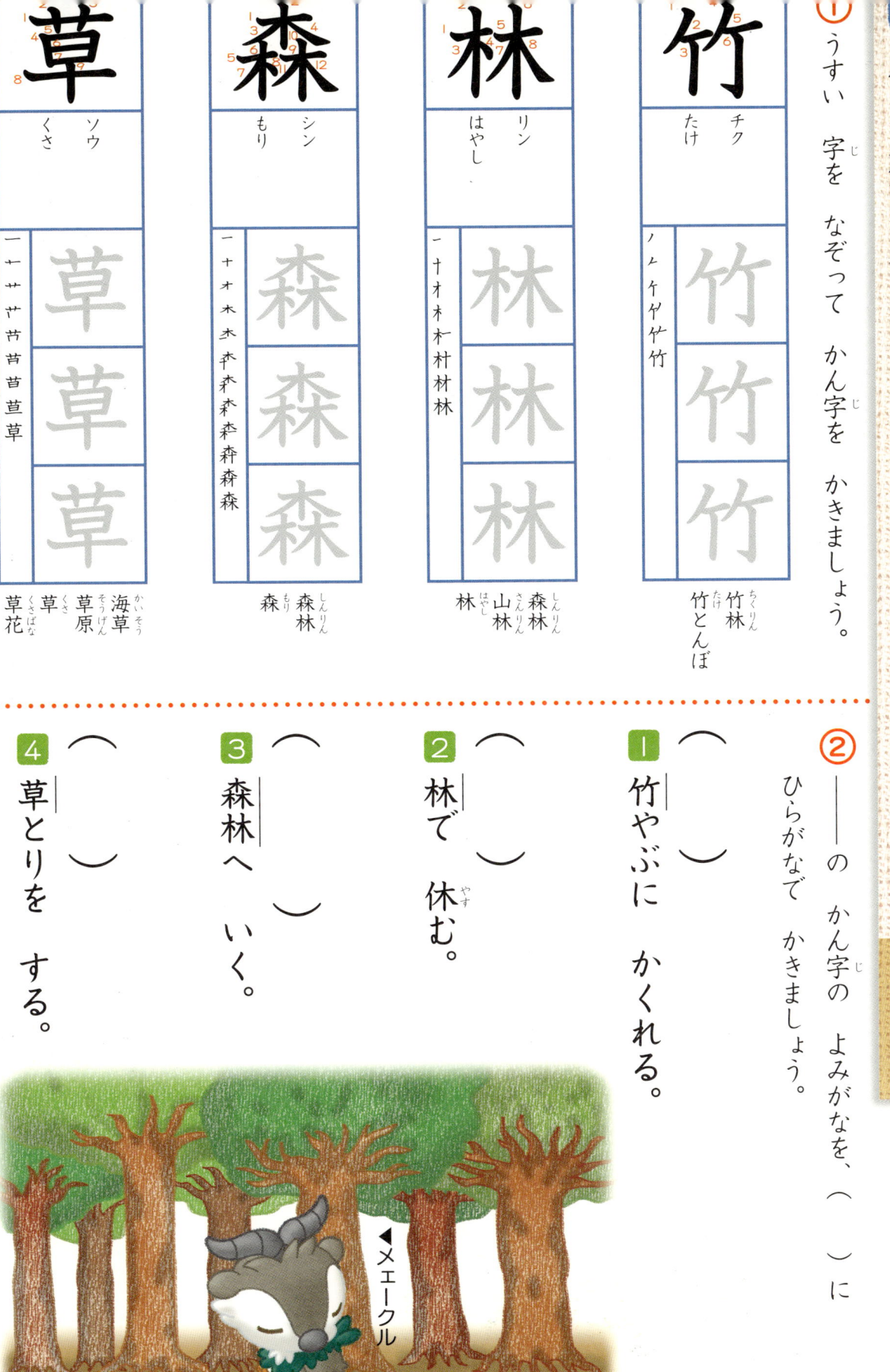

かん字《じ》の れんしゅう ⑬
犬《いぬ》・虫《むし》・貝《かい》・花《はな》

DATE　月《がつ》　日《にち》　よう日《び》

① うすい 字《じ》を なぞって かん字《じ》を かきましょう。

犬	虫	貝	花
ケン　いぬ	チュウ　むし	かい	カ　はな
一 ナ 大 犬	丨 口 口 中 虫 虫	丨 冂 月 月 目 貝 貝	一 十 艹 艹 芀 芲 花
犬 犬 犬	虫 虫 虫	貝 貝 貝	花 花 花
名犬《めいけん》　犬《いぬ》	こん虫《ちゅう》　青虫《あおむし》　虫《むし》かご	貝《かい》がら　赤貝《あかがい》	花《か》だん　花《はな》　花火《はなび》

② ——の かん字《じ》の よみがなを、（　）に ひらがなで かきましょう。

1 （　　）犬が ほえる。

2 （　　）虫かごに 入《い》れる。

3 （　　）貝がらを ひろう。

4 （　　）花を かざる。

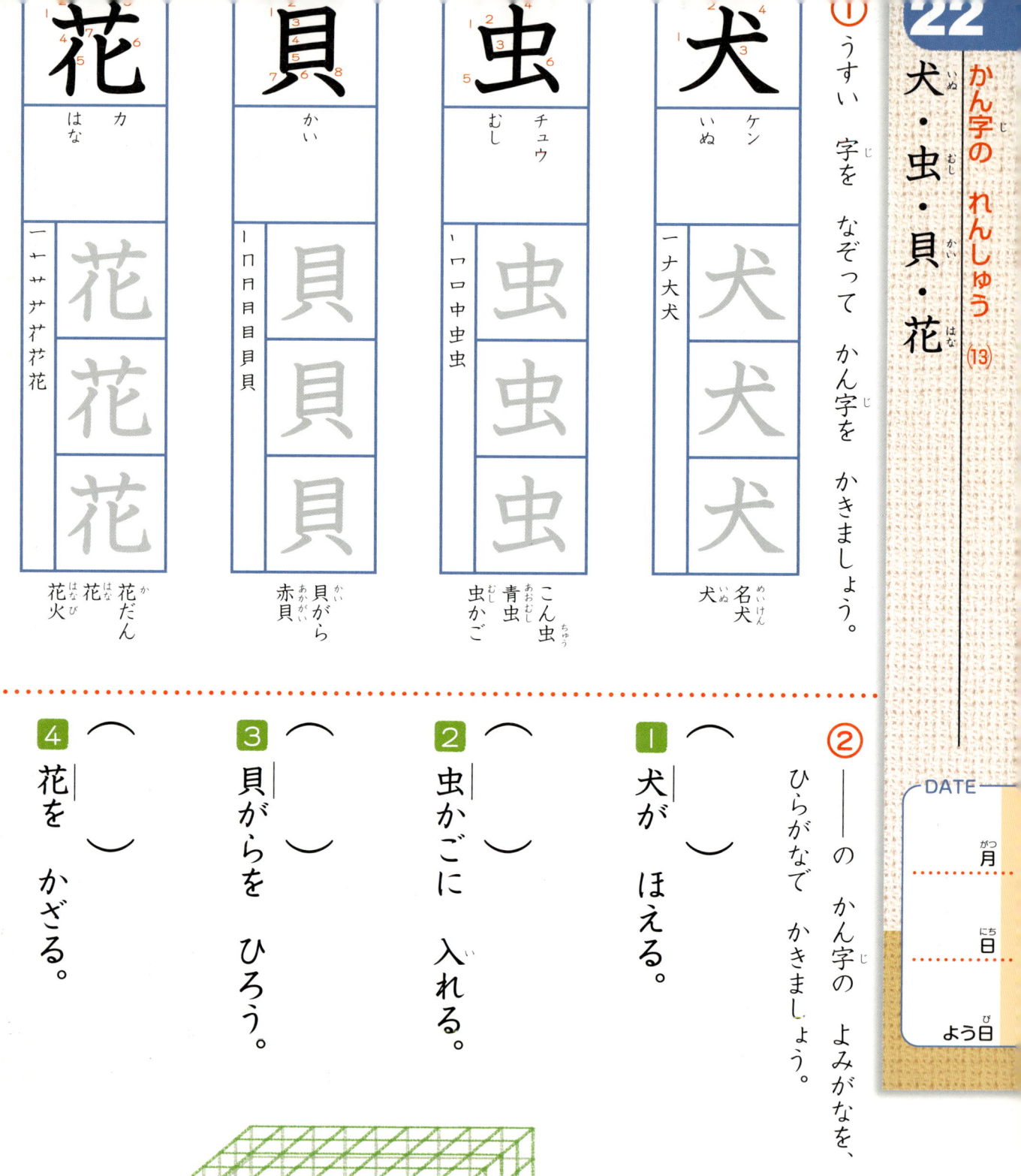

かん字《じ》の れんしゅう ⑭

赤《あか》・青《あお》・白《しろ》・早《はや》

DATE

月《がつ》 日《にち》 よう日《び》

① うすい 字《じ》を なぞって かん字《じ》を かきましょう。

赤
セキ
あか
あか(い)
あか(らむ)
あか(らめる)
一 十 土 ナ 产 赤 赤
赤十字《せきじゅうじ》
赤《あか》ちゃん
赤字《あかじ》

青
セイ
あお
あお(い)
一 十 キ 主 丰 青 青 青
青年《せいねん》
青空《あおぞら》
青《あお》い

白
ハク
しろ
しろ(い)
しら
ノ ｲ 白 白 白
白《はく》ちょう
白《しろ》
白木《しらき》

早
ソウ
はや(い)
はや(まる)
はや(める)
｜ 冂 日 日 旦 早
早《そう》ちょう
早《はや》い
早口《はやくち》

② ―― の かん字《じ》の よみがなを、（ ）に ひらがなで かきましょう。

1 （　　） 赤い 花《はな》が さいた。

2 （　　） 青い リボン。

3 （　　） 白い くつを はく。

4 （　　） 早く おきる。

▶フラベベ

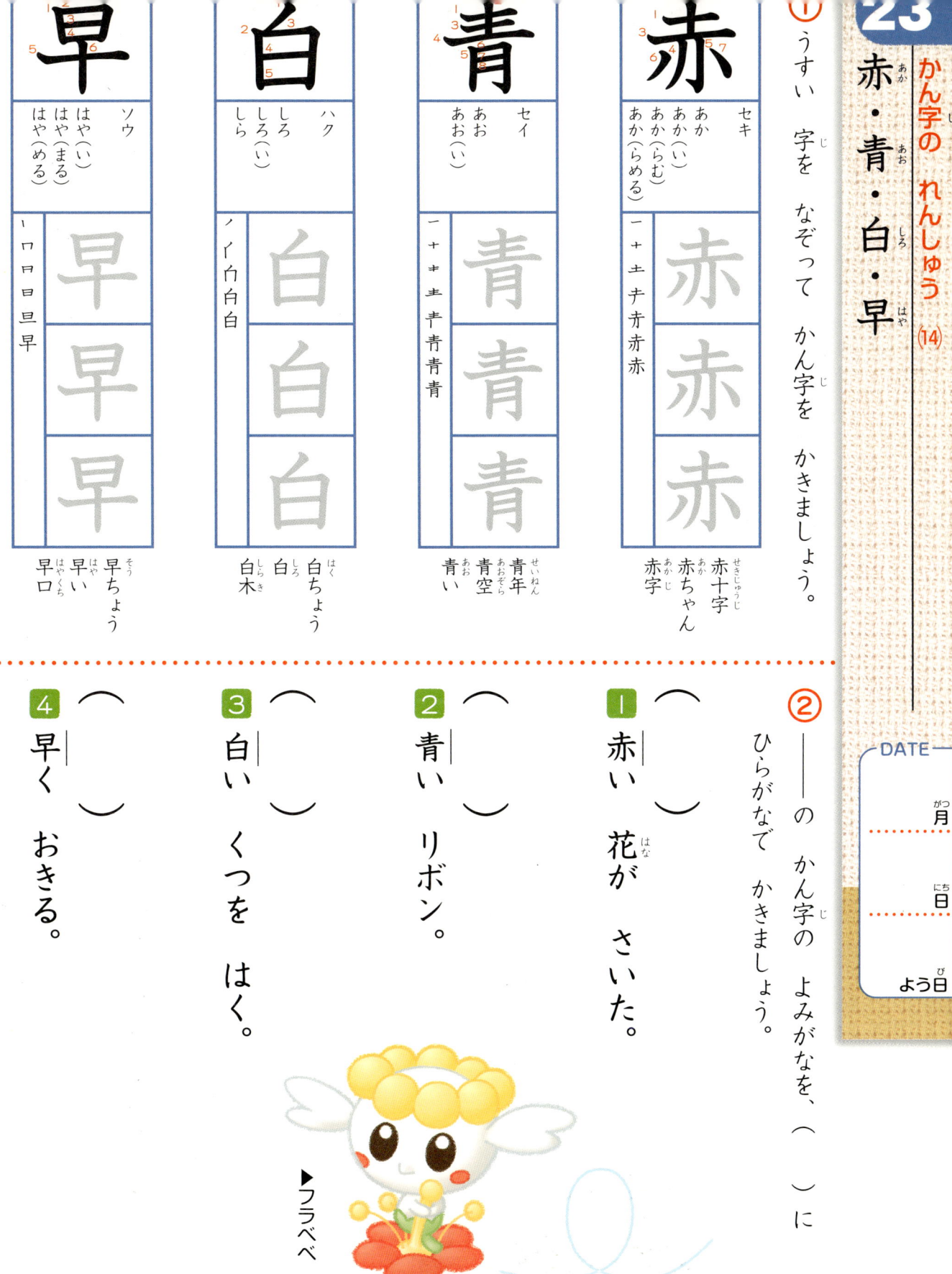

かん字《じ》の れんしゅう ⑮

学《がく》・校《こう》・男《おとこ》・女《おんな》

① うすい 字《じ》を なぞって かん字《じ》を かきましょう。

学　ガク　まな(ぶ)

学　学　学

学校《がっこう》　見学《けんがく》　学《まな》ぶ

校　コウ

校　校　校

校《こう》てい　下校《げこう》

男　ダン　ナン　おとこ

男　男　男

男女《だんじょ》　男子《だんし》　長男《ちょうなん》　男《おとこ》の子《こ》

女　ジョ　おんな

女　女　女

女子《じょし》　王女《おうじょ》　女《おんな》の子《こ》

② ――の かん字《じ》の よみがなを、（　）に ひらがなで かきましょう。

1 （　　）学しゅうを する。

2 （　　）学校へ いく。

3 （　　）男の 人《ひと》。

4 （　　）男女

DATE　月《がつ》　日《にち》　よう日《び》

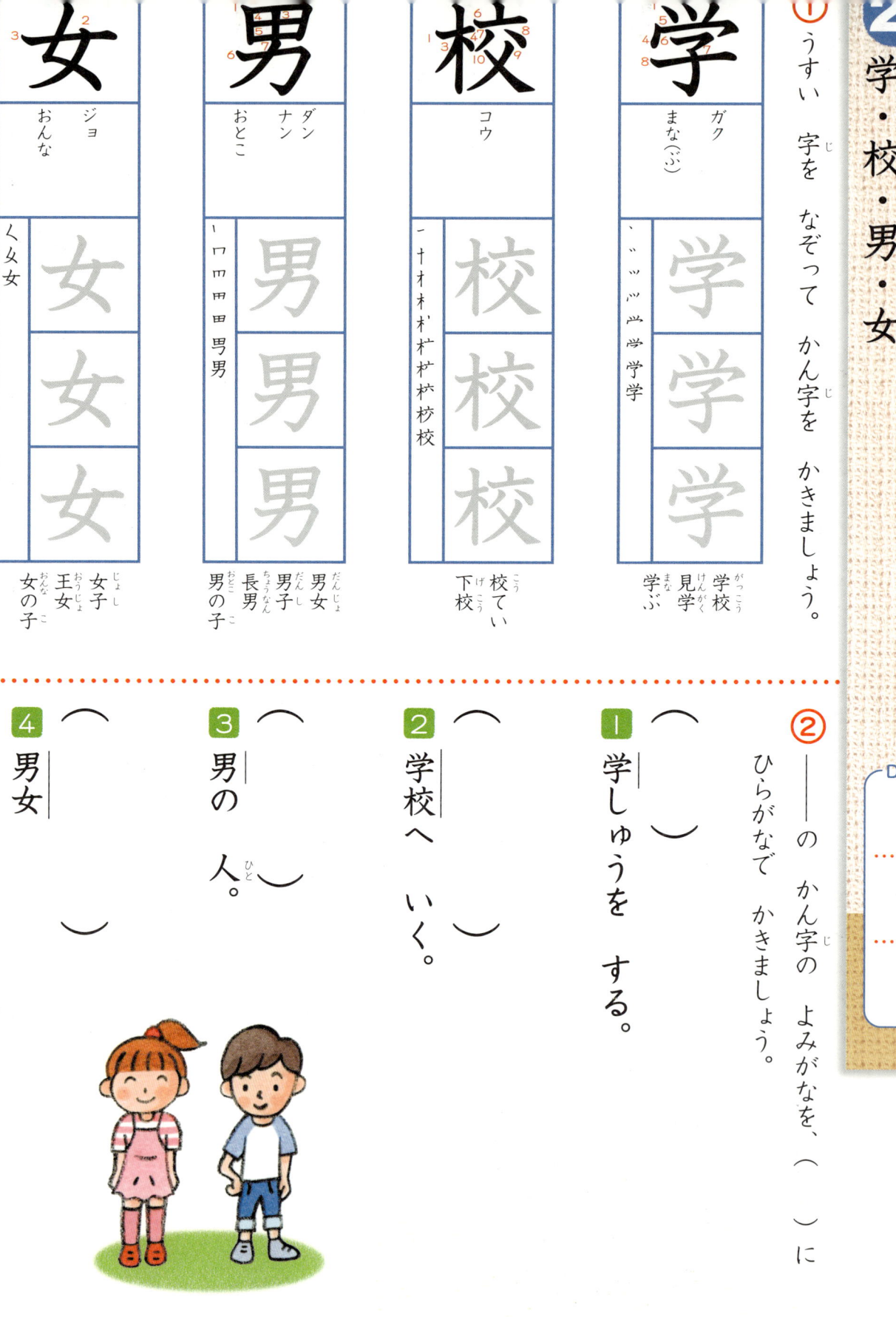

かん字《じ》の れんしゅう ⑯

出《しゅつ》・入《にゅう》・休《きゅう》・糸《いと》

DATE
月《がつ》
日《にち》
よう日《び》

① うすい 字《じ》を なぞって かん字《じ》を かきましょう。

出
シュツ
で(る)
だ(す)
丨 十 屮 出 出
出火《しゅっか》
出《で》あう
出《だ》す

入
ニュウ
い(る)
い(れる)
はい(る)
ノ 入
入学《にゅうがく》
入《い》り口《ぐち》
入《はい》る

休
キュウ
やす(む)
やす(まる)
やす(める)
ノ 亻 仁 什 休 休
休日《きゅうじつ》
冬休《ふゆやす》み

糸
シ
いと
く 幺 幺 糸 糸 糸
金糸《きんし》
け糸《いと》
糸玉《いとだま》

② ——の かん字《じ》の よみがなを、（　）に ひらがなで かきましょう。

1 ゲンガーが 出た。（　）

2 へやに 入る。（　）

3 休みじかん。（　）

4 白《しろ》い 糸。（　）

▶ゲンガー

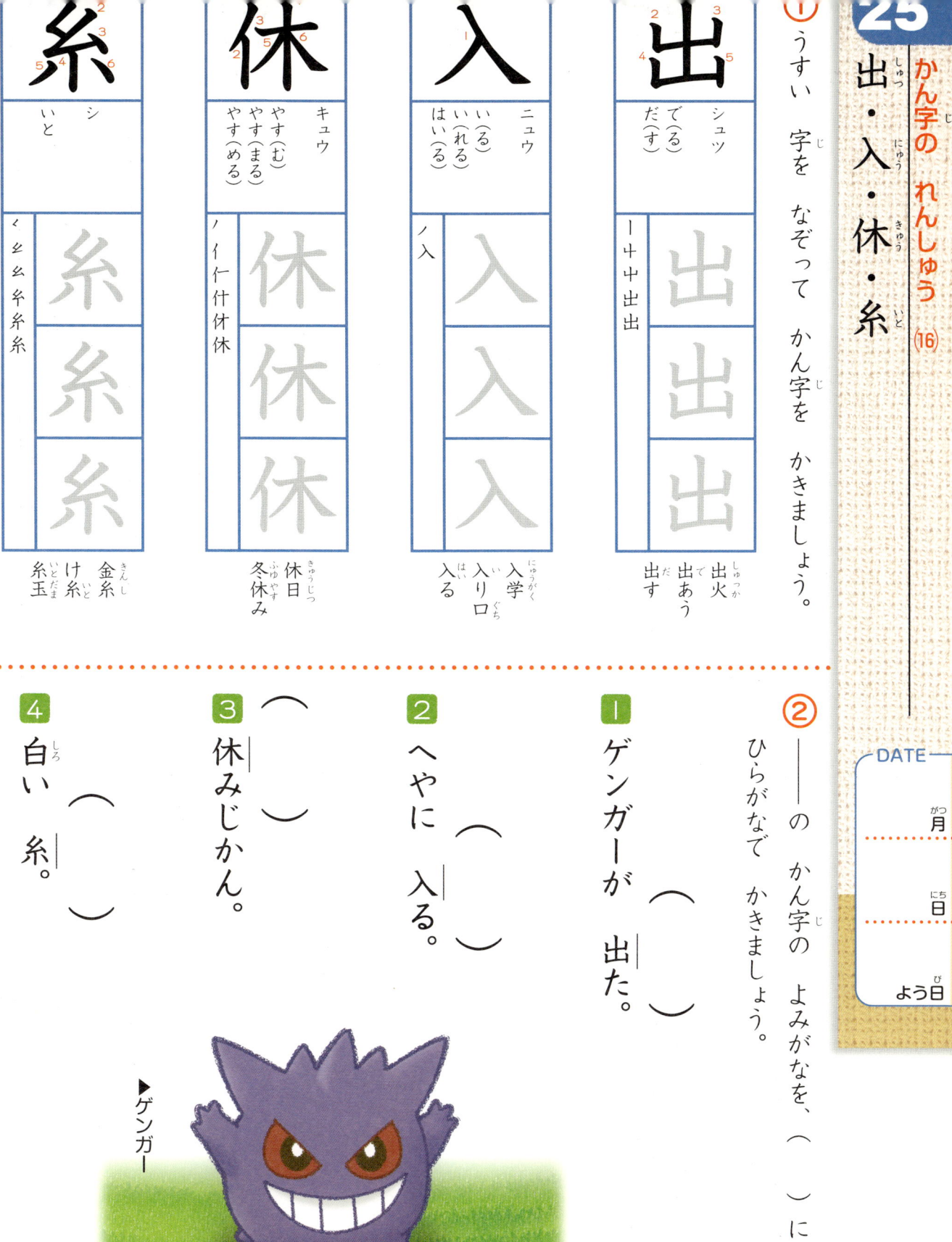

かん字《じ》の れんしゅう ⑰

正《せい》・立《りつ》・天《てん》・気《き》

DATE　月《がつ》　日《にち》　よう日《び》

① うすい 字《じ》を なぞって かん字《じ》を かきましょう。

正　セイ　ショウ　ただ(しい)　ただ(す)　まさ
一 丅 下 正 正
正《せい》もん　正月《しょうがつ》　正《ただ》しい

立　リツ　た(つ)　た(てる)
丶 亠 亣 立
立《りっ》とう　町立《ちょうりつ》　立《た》ちばなし

天　テン　あま
一 二 チ 天
天下《てんか》　天文《てんもん》　天《あま》の川《がわ》

気　キ　ケ
ノ ㇒ 气 気 気 気
空気《くうき》　本気《ほんき》　火《ひ》の気《け》

② ——の かん字《じ》の よみがなを、（　）に ひらがなで かきましょう。

1 （　　）正しい こたえ。

2 はたを （　　）立てる。

3 （　　）天の川《がわ》。

4 （　　）天気よほう

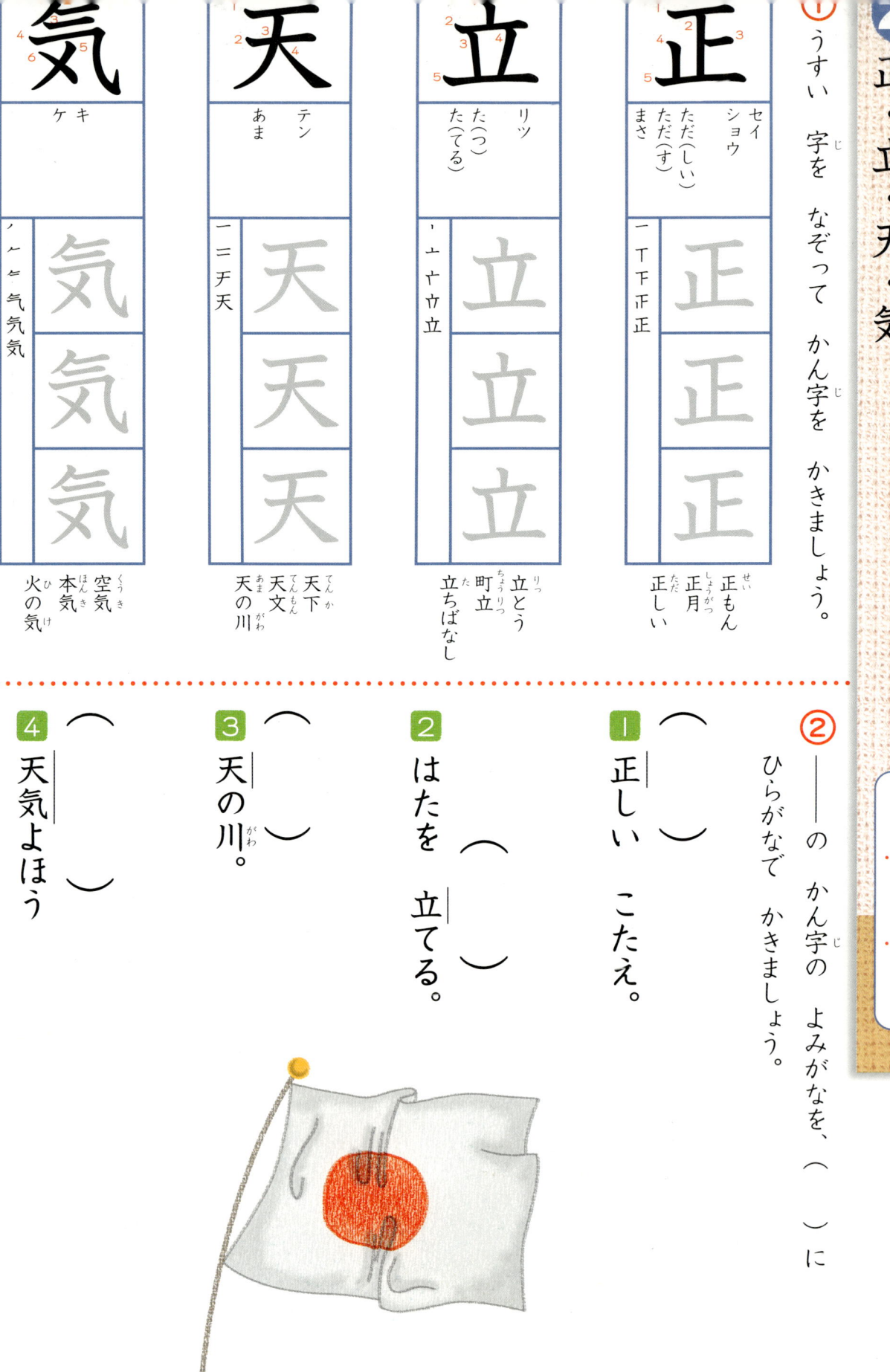

かん字《じ》の れんしゅう ⑱ 雨《あめ》・空《そら》・見《けん》・音《おと》

DATE 月《がつ》 日《にち》 よう日《び》

① うすい 字《じ》を なぞって かん字《じ》を かきましょう。

雨
ウ
あめ　あま
一 厂 冂 币 币 雨 雨 雨
雨天《うてん》　大雨《おおあめ》　雨音《あまおと》

空
クウ
そら　あ(く)　あ(ける)　から
丶 八 宀 宀 穴 空 空 空
空気《くうき》　空《そら》　空《あ》きかん　空手《からて》

見
ケン
み(る)　み(える)　み(せる)
丨 冂 月 月 目 貝 見
見学《けんがく》　見本《みほん》　見《み》せば

音
オン
おと　ね
丶 亠 十 立 立 产 音 音 音
音読《おんどく》　足音《あしおと》　本音《ほんね》

② ――の かん字《じ》の よみがなを、（　）に ひらがなで かきましょう。

1 雨（　　）が ふる。

2 青《あお》い 空（　　）。

3 山《やま》を 見（　　）る。

4 音（　　）がくを きく。

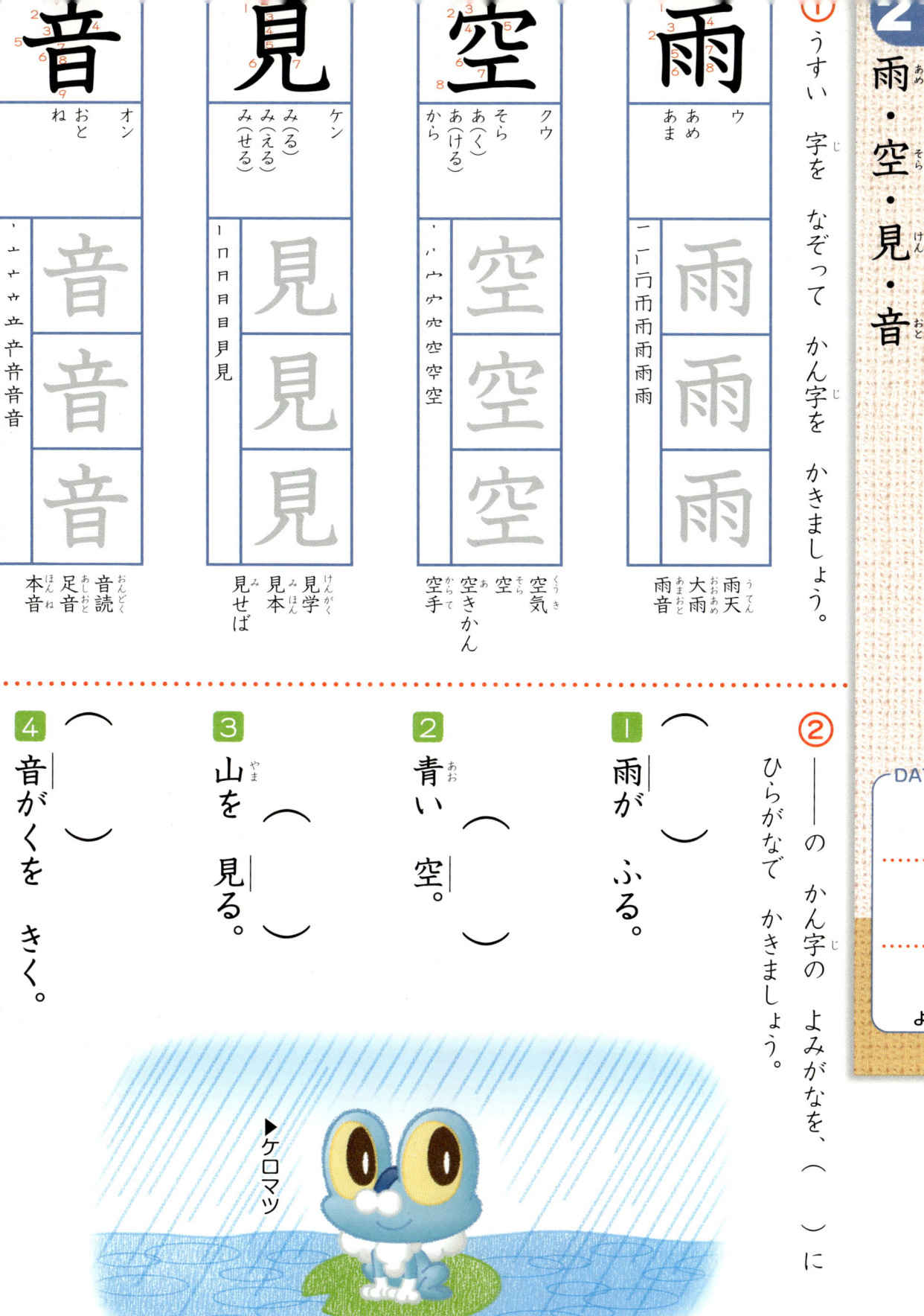

かん字《じ》の れんしゅう ⑲

王《おう》・玉《たま》・町《まち》・村《むら》

DATE 月《がつ》 日《にち》 よう日《ひ》

① うすい 字《じ》を なぞって かん字《じ》を かきましょう。

かん字	よみ	かきじゅん	ことば
王	オウ	一 丁 干 王	王《おう》 王子《おうじ》 王女《おうじょ》
玉	ギョク たま	一 丁 干 王 玉	玉石《ぎょくせき》 水玉《みずたま》 目玉《めだま》
町	チョウ まち	丨 冂 冂 田 田 町 町	町村《ちょうそん》 となり町《まち》
村	ソン むら	一 十 才 木 木 村 村	村立《そんりつ》 村人《むらびと》

② ――の かん字《じ》の よみがなを、（ ）に ひらがなで かきましょう。

1 （　）王さま

2 （　）玉入《い》れ

3 （　）町へ いく。

4 （　）村まつり

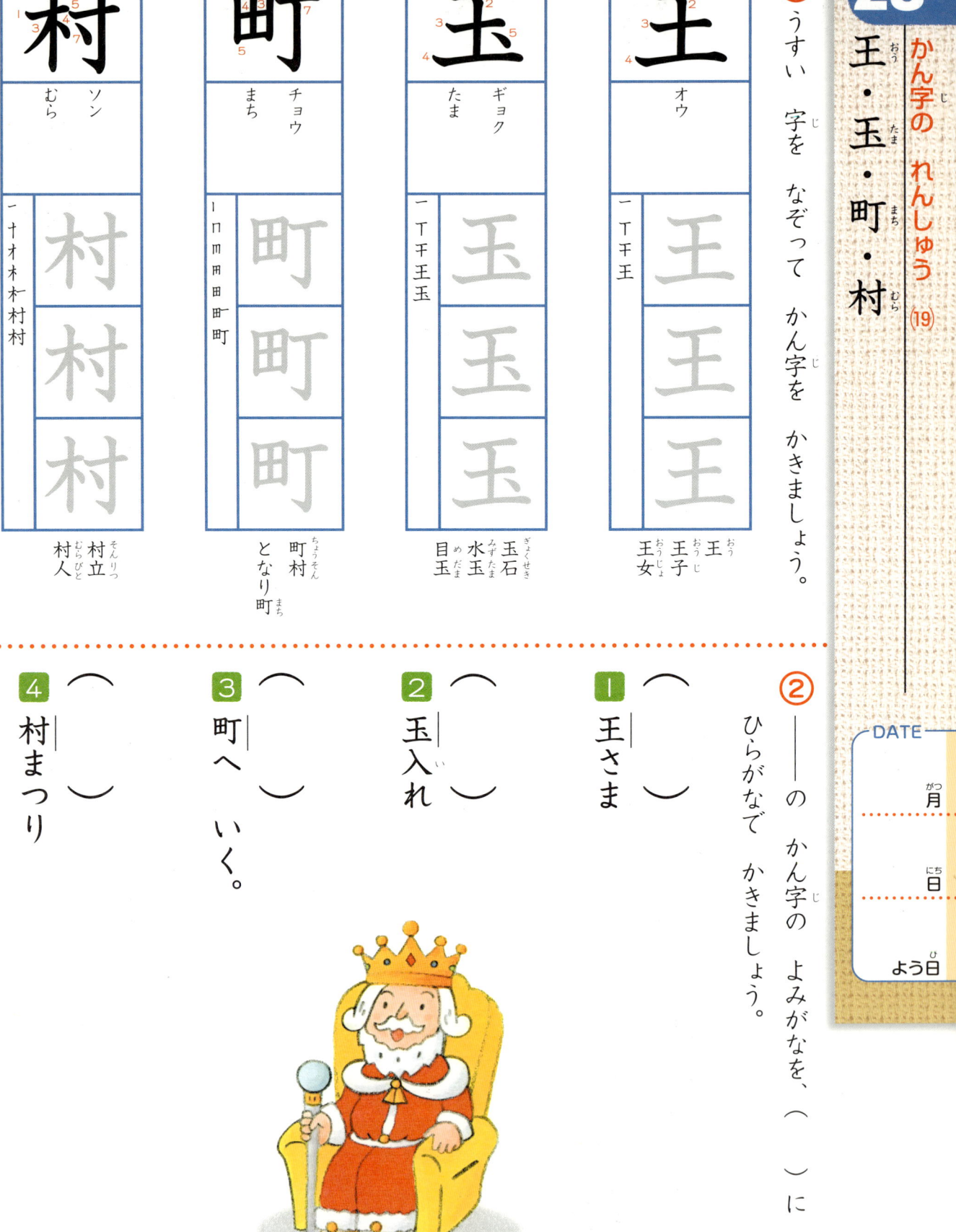

① うすい 字を なぞって かん字を かきましょう。

手
シュ
て
一 二 三 手
名手
めいしゅ
手て
手がみ

足
ソク
あし
た（りる）
た（る）
た（す）
丶 口 口 甲 早 足
一足
いっそく
右足
みぎあし
足りる
た

耳
みみ
一 丁 下 耳 耳 耳
右耳
みぎみみ
左耳
ひだりみみ

車
シャ
くるま
一 ナ 戸 百 亘 車
車
くるま
じどう車
しゃ

DATE
月
がつ
日
にち
よう日
び

② ── の かん字の よみがなを、（　）に ひらがなで かきましょう。

1 （　）
はく手を する。

2 （　）（　）
手と 足。

3 （　）
大きな 耳。
おお

4 （　）
車に のる。

▲ニャオニクス
（メスの すがた）

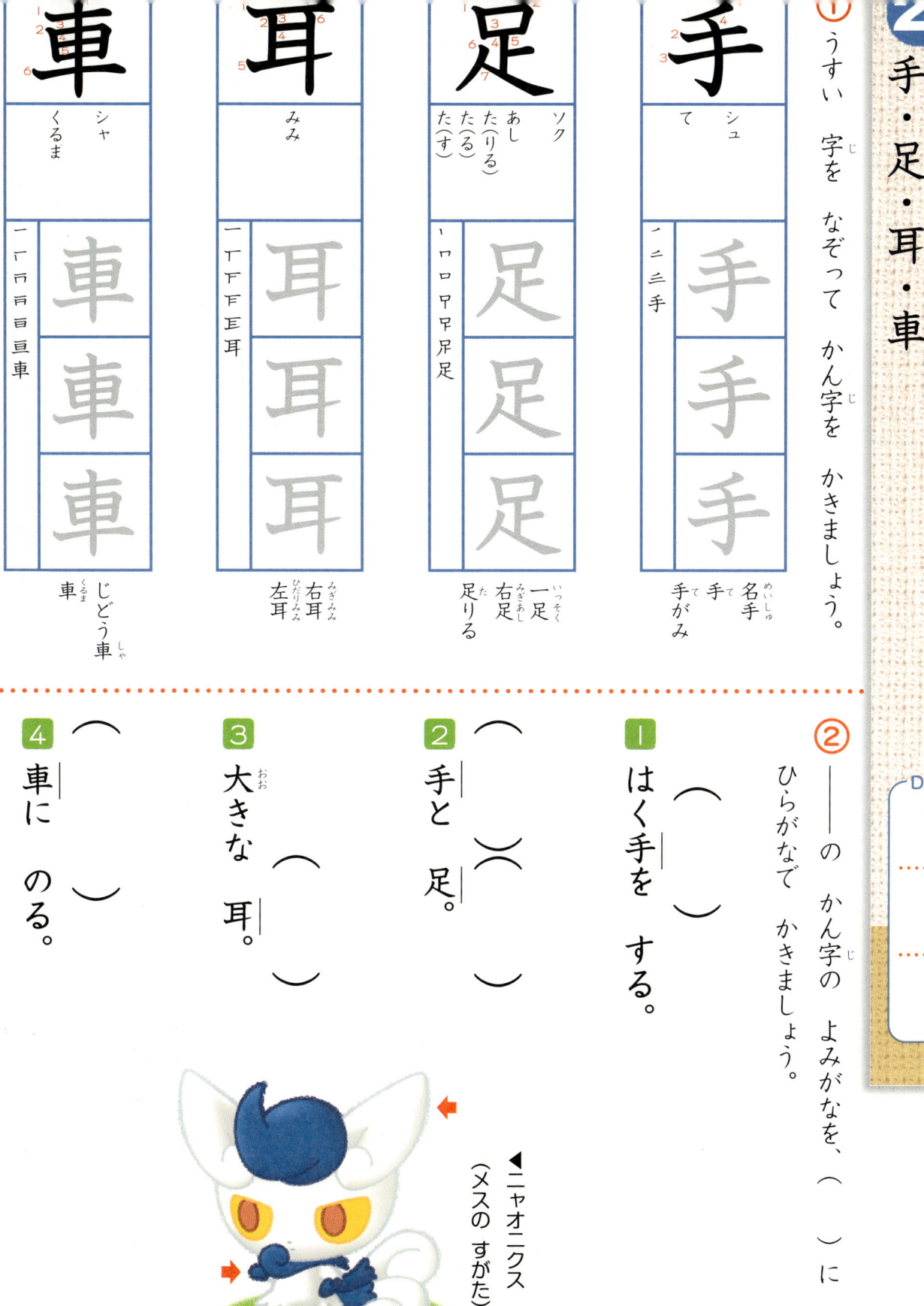

にている かん字《じ》

かん字《じ》の れんしゅう ㉑

DATE
月《がつ》
日《にち》
よう日《び》

①上《うえ》の ことばに あう かん字《じ》を、下《した》の アと イから えらんで、きごうに ○を つけましょう。

1 め

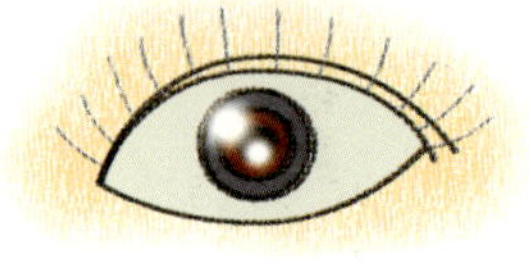

ア 日　イ 目

2 おう

ア 王　イ 玉

3 ほん

ア 木　イ 本

4 つち

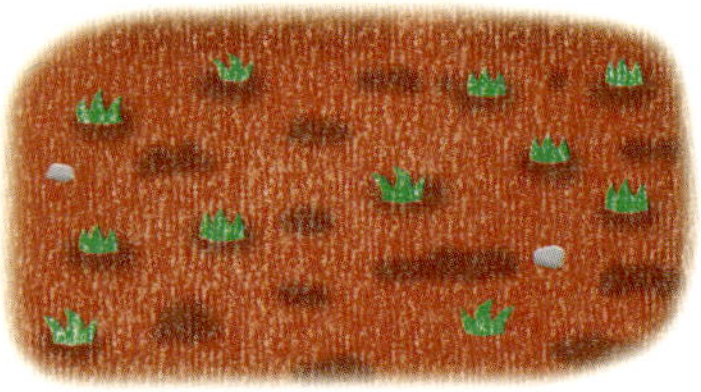

ア 土　イ 上

②上《うえ》の □には、かたちの にた かん字《じ》を まちがえて かいて います。正《ただ》しい かん字《じ》を 下《した》の □に かきましょう。

1

白《ひゃく》円玉《えんだま》

→ □《ひゃく》円玉《えんだま》

2

右《みぎ》虫《あし》

→ 右《みぎ》□《あし》

3

早《くさ》むしり

→ □《くさ》むしり

4

かわいい 大《いぬ》

→ かわいい □《いぬ》

5

きれいな 見《かい》

→ きれいな □《かい》

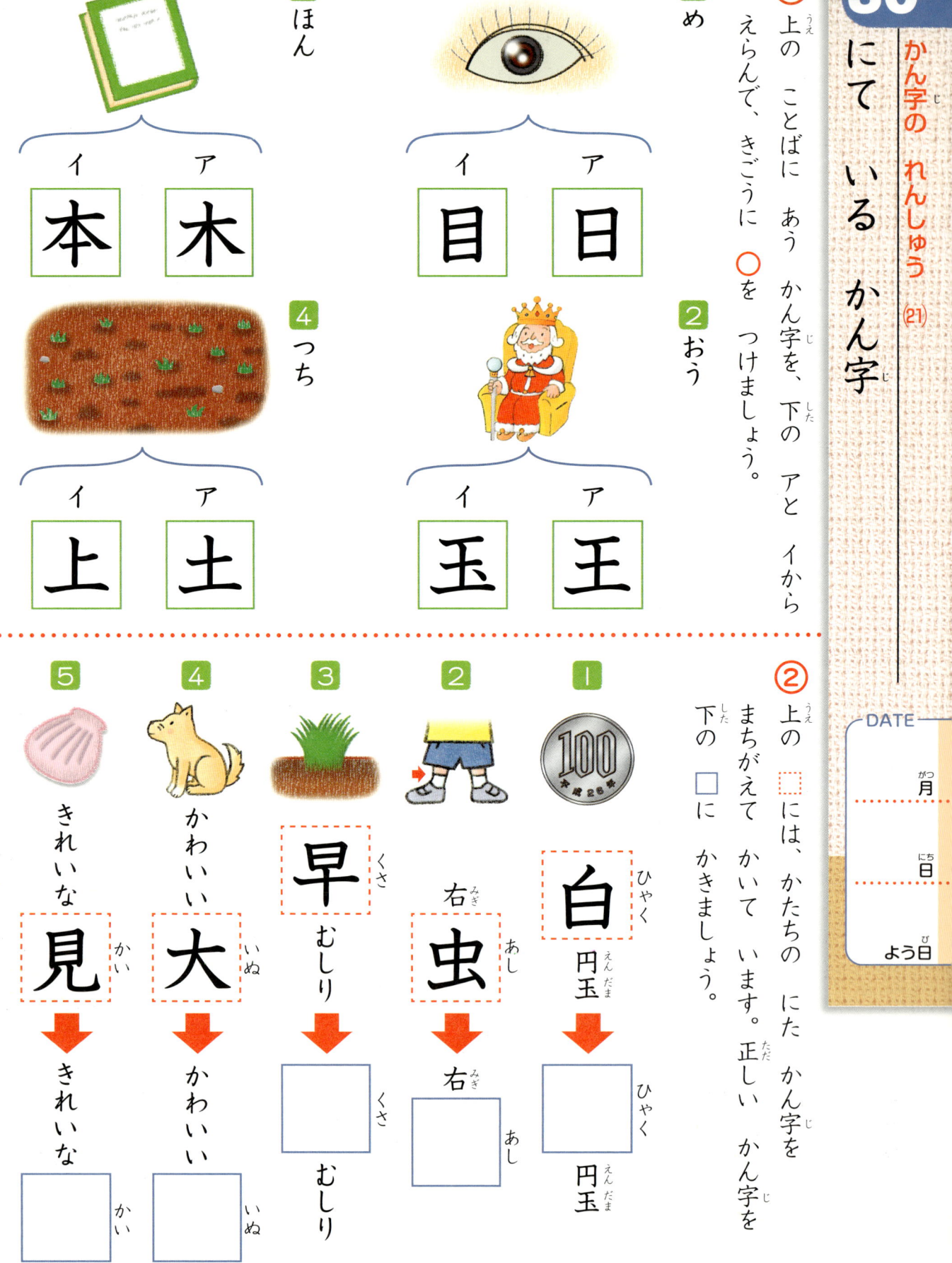

なかまの かん字《じ》

① □に あてはまる かん字《じ》を かき、かん字《じ》の なかまあつめを しましょう。

1 からだの なかま

みみ □
あし □
め □
くち □
て □

▲デデンネ

2 大《おお》きさの なかま

しょう □
ちゅう 中
だい □

◀ヤヤコマ

◀ニンフィア

◀カビゴン

② □の 中《なか》に なかまの かん字《じ》を かきましょう。

1 すう字《じ》の なかま

いち 一
に 二
さん □
し □
ご □
ろく □
しち □
はち 八
きゅう □
じゅう 十
ひゃく □
せん □

2 しぜんの なかま

やま □
かわ □
くさ □
もり □
はやし □
はな □

▶セレビィ

DATE
月《がつ》
日《にち》
よう日《び》

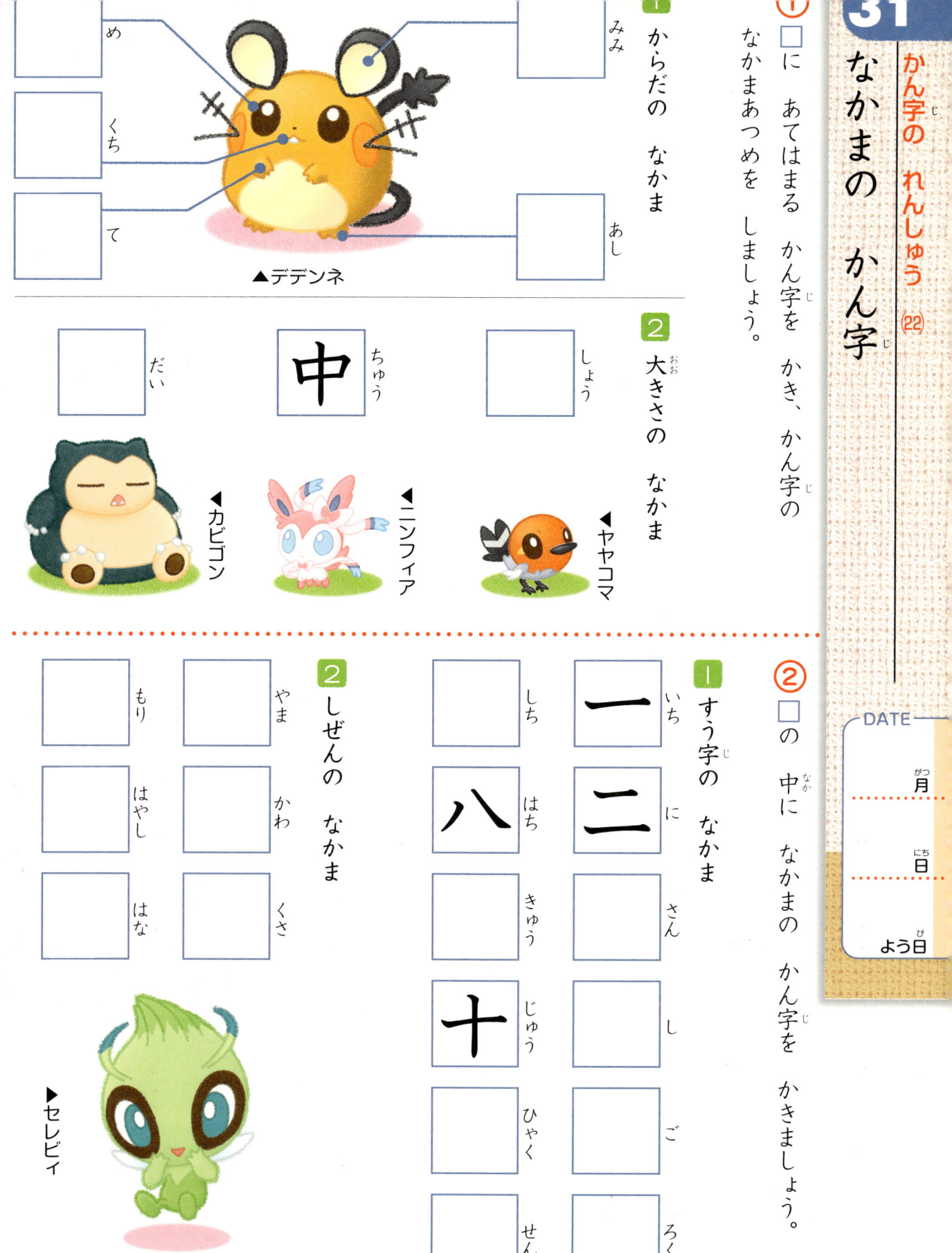

ついや はんたいに なる かん字《じ》

かん字《じ》の れんしゅう ㉓

DATE 月《がつ》 日《にち》 よう日《び》

① 上《うえ》と 下《した》で、ついや はんたいに なる かん字《じ》を ●—●《せん》で むすびましょう。

1	2	3	4	5
男	大	出	上	左
入	女	右	小	下

② つぎの ことばと はんたいの いみの ことばを かん字《じ》と おくりがなで □に かきましょう。

1 すわる ↕ □ たつ

2 入《い》れる ↕ □ だす

3 おそい ↕ □ はやい

4 上《のぼ》る ↕ □ おりる

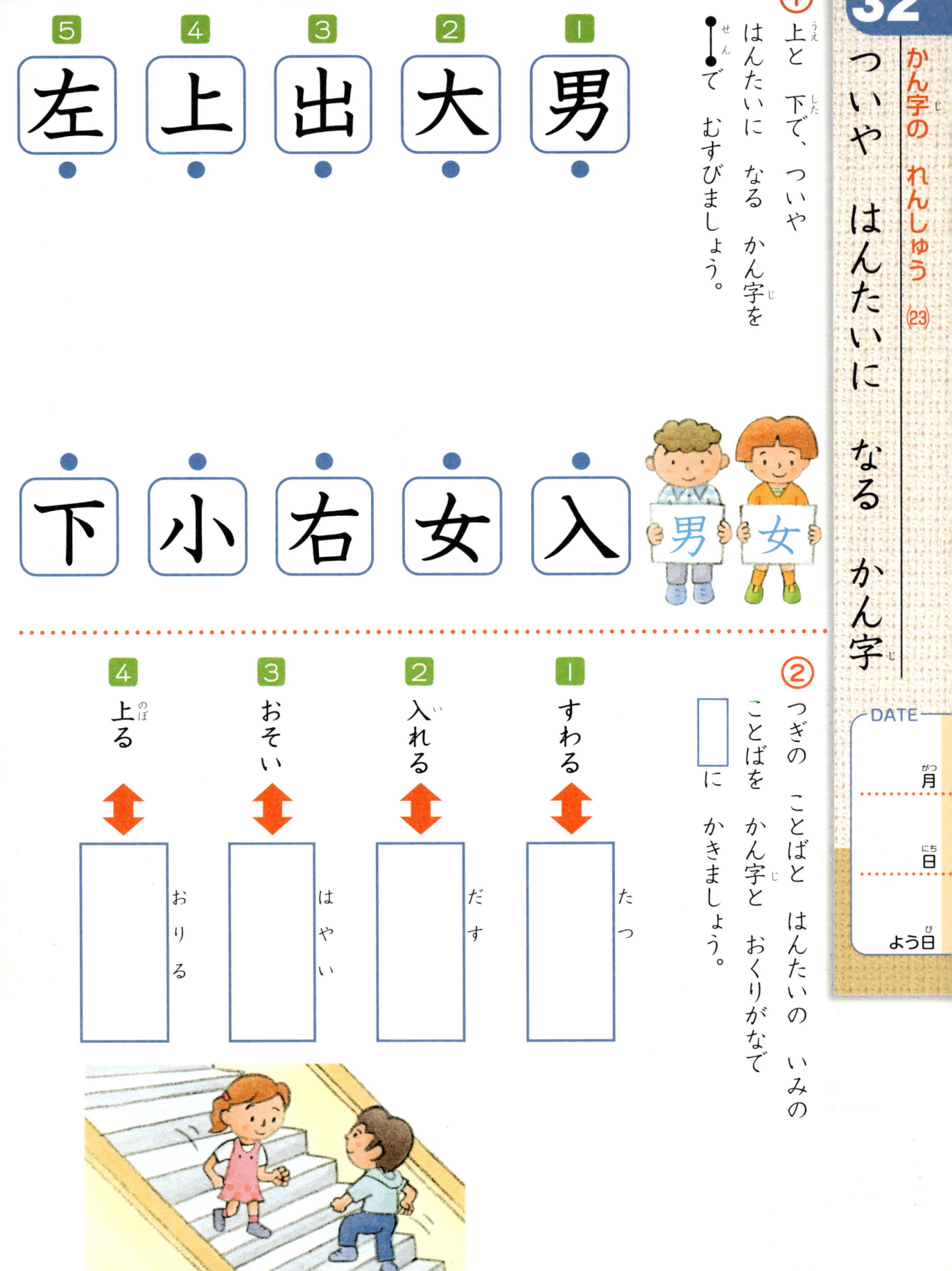

はんたいの いみの ことば

ことばを おぼえよう (1)

① 上《うえ》と 下《した》で はんたいの いみの ことばを れいの ように ●―●《せん》で むすびましょう。

	れい	1	2	3
上	たかい ●	ながい ●	あかるい ●	ひろい ●
下	● みじかい	● せまい	● ひくい	● くらい

▲ピカチュウ　▲デデンネ

② つぎの ことばと はんたいの いみの ことばを [　] から えらんで かきましょう。

1 はやい ↕ □□□

2 おもい ↕ □□□

3 あつい ↕ □□□

4 とおい ↕ □□□

5 ほそい ↕ □□□

[ふとい　かるい　おそい　ちかい　さむい]

◀ヌメラ

▶ラティアス

DATE
月《がつ》
日《にち》
よう日《び》

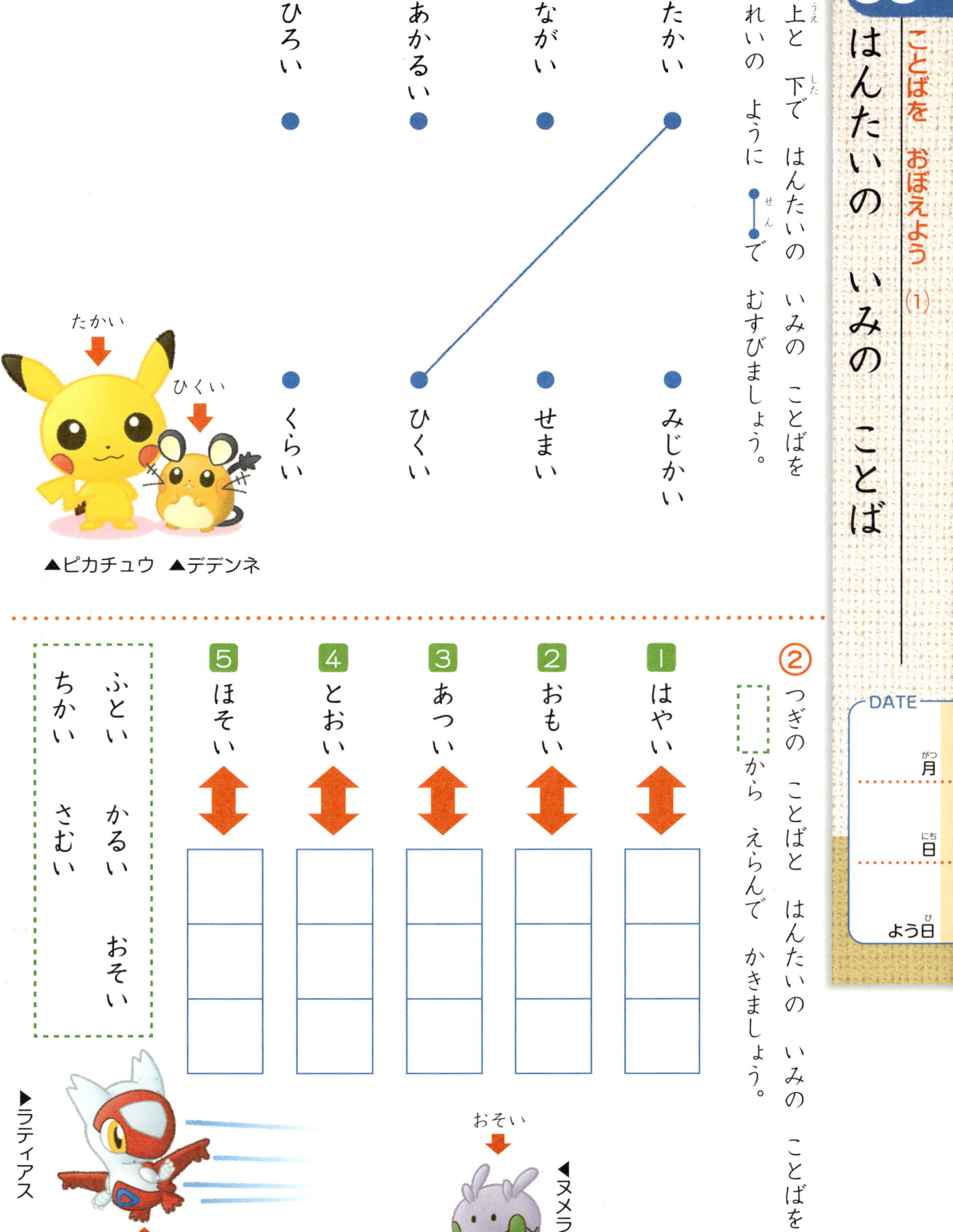

ようすを あらわす ことば

DATE 月《がつ》 日《にち》 よう日《び》

① れいの ように せんで むすんで、文《ぶん》を つくりましょう。

れい にじは ●　　● たかい。

1 ふじさんは ●　　● きれい。

2 はらっぱは ●　　● ひろい。

② ようすを あらわす ことばで、正《ただ》しい ほうを ▢で かこみましょう。

1 なつは { あつい。／おおきい。 }

2 ソフトクリームは { ひろい。／つめたい。 }

③ れいの ように ▢に ようすを あらわす ことばを かいて よく わかる 文《ぶん》に しましょう。

きのう、おとうさんと れい ［ひろい］（どんな） ぼくじょうへ いきました。

ぼくじょうには、［　　］（どんな） うしが たくさん いました。 とおくに ［　　］（どんな） うみが 見《み》えました。

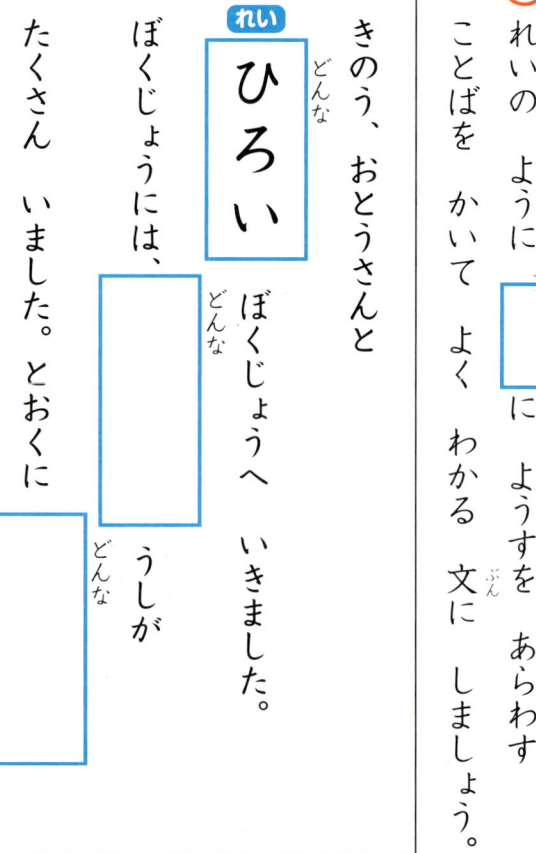

こそあどことば

DATE
月《がつ》　日《にち》　よう日《び》

① えを 見《み》て、□に 入《はい》る こそあどことばを ⬚から えらんで かきましょう。

1 □□ ポケモンは、ヒトカゲです。

2 □□ うしろに フシギダネが います。

3 □□ おかに いるのは ゼニガメです。

この・あの・その

② 正《ただ》しい 文《ぶん》に なるように、こそあどことばを えらんで、○で かこみましょう。

1 { それ / どこ } に いけば、

2 { この / これ } ポケモンに あえるかな。

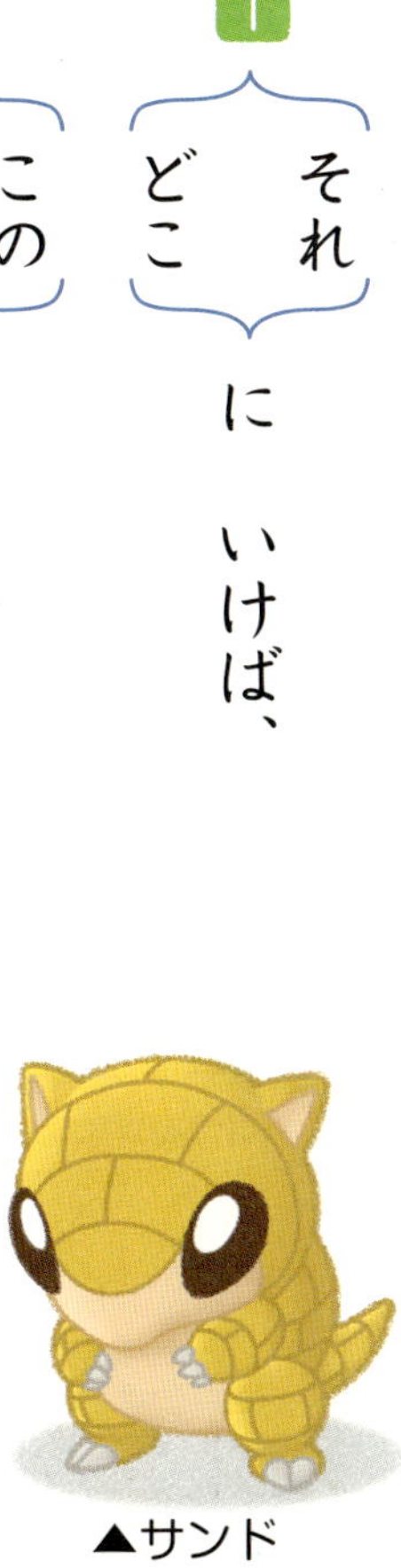

③ 正《ただ》しい 文《ぶん》に なるように、こそあどことばを ⬚から えらんで、□に かきましょう。

1 □ から

2 □ 山《やま》まで いこう。

3 □ には、きれいな みずうみが あるよ。

あの・ここ・あそこ

ことばを　おぼえよう ⑷

うごきを　あらわす　ことば

DATE
月《がつ》
日《にち》
よう日《び》

① えに　あう　ことばを [ ] から　えらんで [ ] に　かきましょう。

1 あなに [ ]

2 あなから [ ]

おちる　やすむ　でる　ほる　ながす

3 めがねを [ ]

4 めがねを [ ]

こわす　さがす　みつける　かける　やぶく

② ものを　みに　つける　ときの　ことばで、ふさわしい　もの　どうしを ●—●《せん》で　むすびましょう。

1 ズボン　くつ ・　　・ きる

2 ようふく　きもの ・　　・ しめる

3 ぼうし　ヘルメット ・　　・ はく

4 ネクタイ　ベルト ・　　・ かぶる

③ 上《うえ》の　ことばに　あう、うごきの　わかる　ことばを　かんがえて □に　かきましょう。

れい　ごみを　手《て》がみを → だす

1 うそを　つえを → [ ][ ]

2 くじを　かぜを → [ ][ ]

3 おかしを　犬《いぬ》を → [ ][ ]

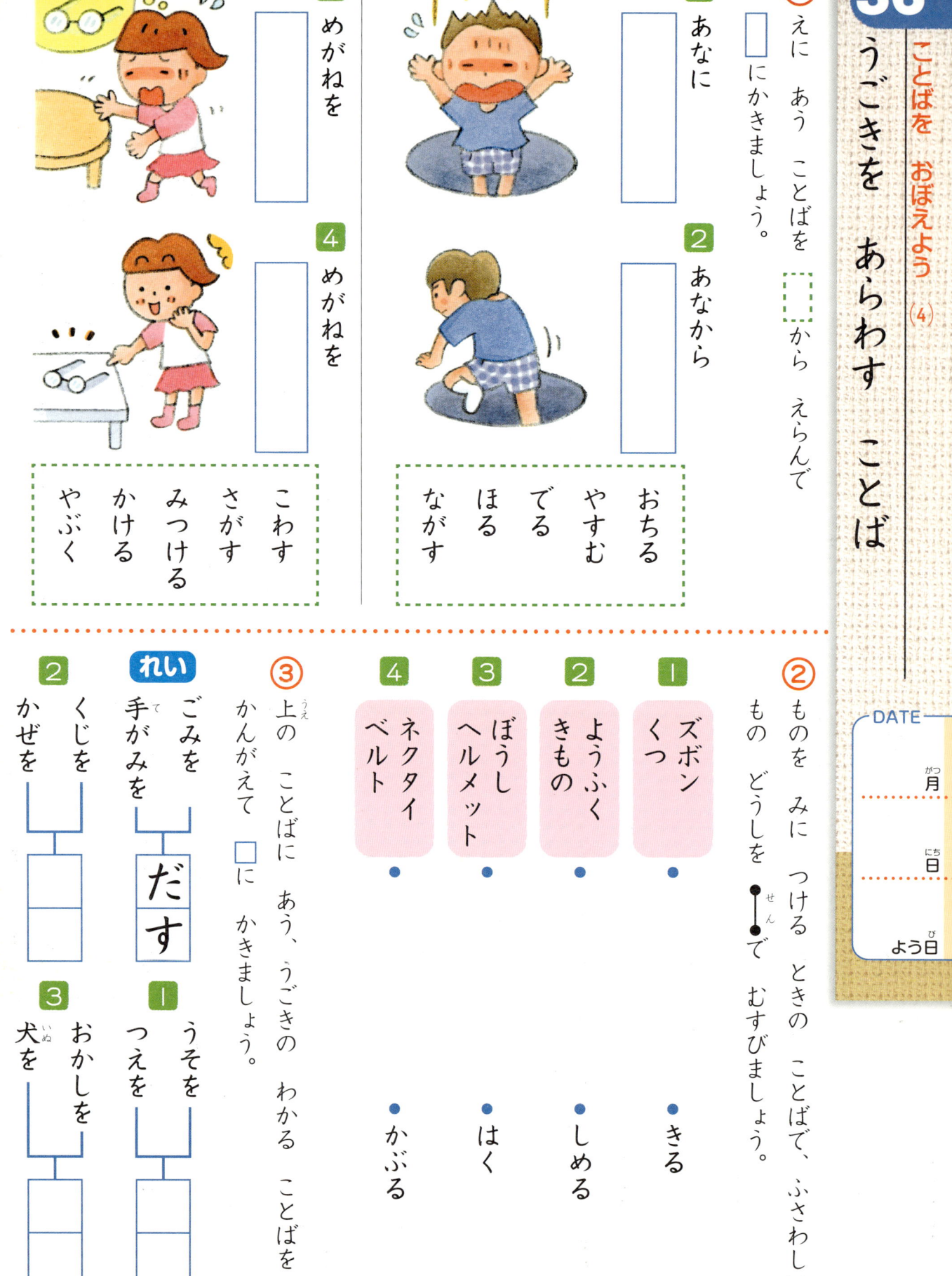

くみあわせことば

ことばを おぼえよう (5)

DATE 月《がつ》 日《にち》 よう日《び》

① つぎの 二《ふた》つの ことばを くみあわせて、ひとつの ことばを つくりましょう。

1 すな ／ あらし → □

2 かえん ／ ほうしゃ → □

3 こな ／ ゆき → □

◀サンド

◀ヒノアラシ

◀アマルス

② つぎの ことばは、どんな ことばの くみあわせですか。二《ふた》つの ことばに わけましょう。

1 むしかご → □ ＋ □

2 まどガラス → □ ＋ □

3 えはがき → □ ＋ □

③ 上《うえ》と 下《した》の ことばを くみあわせて ●—●《せん》で むすび できた くみあわせを □に かきましょう。

1 メロン ●　　● コップ → □

2 かみ ●　　● とけい → □

3 うで ●　　● パン → □

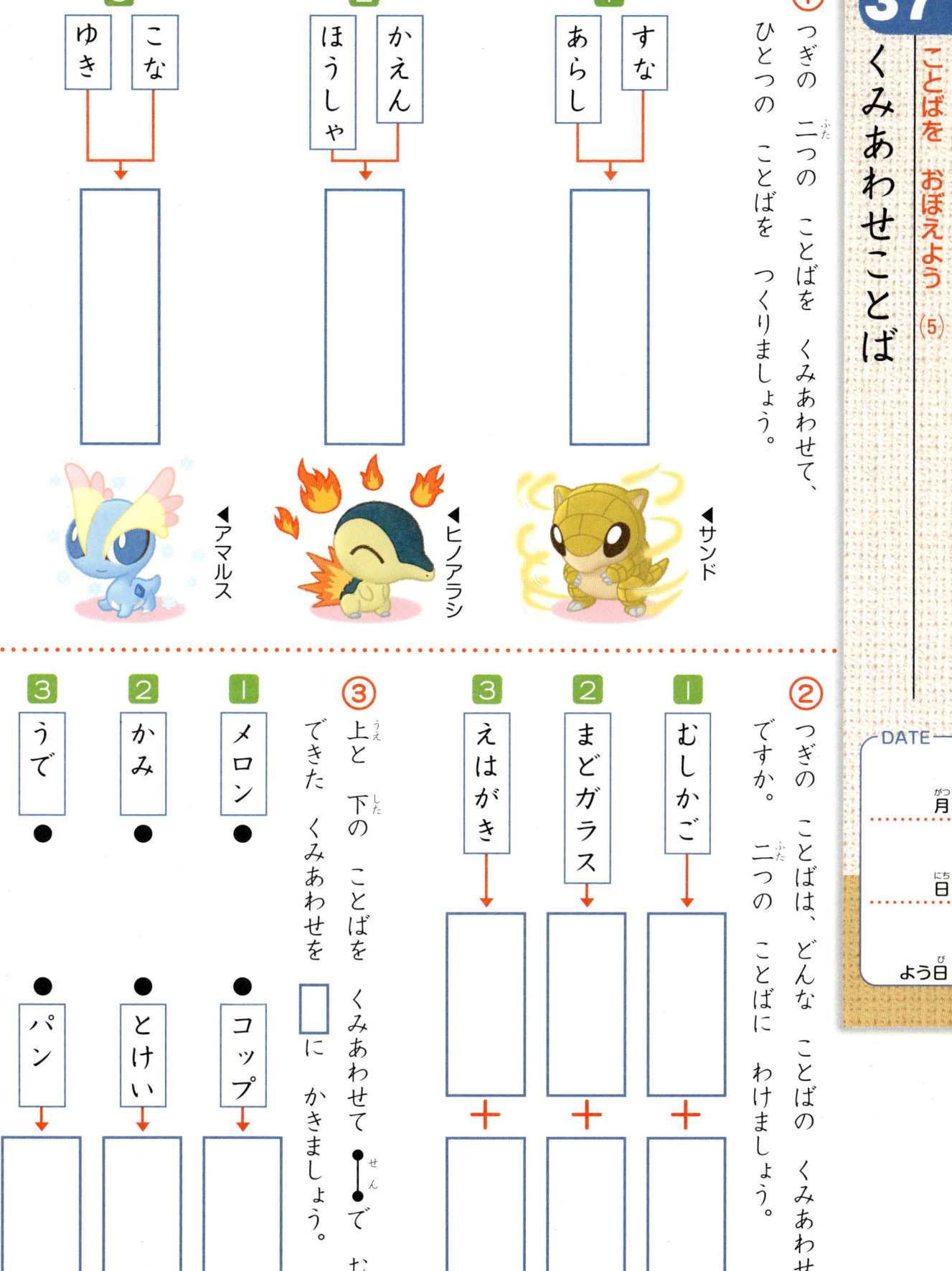

ことばを おぼえよう (6)

つなぐ ことば(1)

DATE 月《がつ》 日《にち》 よう日《び》

① □に だから か けれども の どちらかを かき入《い》れましょう。

1 ぼくは とても つかれました。

□、少《すこ》し 休《やす》みました。

□、休《やす》みませんでした。

2 とつぜん 雨《あめ》が ふって きました。

□、かさを さしませんでした。

□、かさを さしました。

② つぎの （ ）に あてはまる 文《ぶん》を □から さがして きごうで かきましょう。

1 うちの 犬《いぬ》が ほえて います。なぜなら（　）。

2 うちの 犬《いぬ》が ほえて います。また（　）。

ア となりの うちの 犬《いぬ》も ほえて います。
イ ねこが あわてて にげました。
ウ あやしい 人《ひと》が いたからです。

③ （ ）に あてはまる つなぎことばを □から さがして きごうで こたえましょう。

学校《がっこう》に あわてて はしって いきました。

1 （　）、まにあいませんでした。

2 （　）、ちこくしそう だったからです。

ア なぜなら　イ でも

つなぐ ことば (2)

DATE 月《がつ》 日《にち》 よう日《び》

① □の 中《なか》の 文《ぶん》を 二《ふた》つの 文《ぶん》に しました。正《ただ》しい ほうを えらんで、きごうに ○を つけましょう。

おなかが すいたので、きのみを たべた。

ア おなかが すいた。
だから、きのみを たべた。

イ おなかが すいた。
でも、きのみを たべた。

▲シシコ

② つぎの 文《ぶん》の （　）に あう ことばを □から えらんで かきましょう。

1 かてそうに ない ポケモンと 出《で》あった（　　）にげ出《だ》した。

2 きのみを たくさん たべた（　　）、もっと たべられそうだ。

ので　のに　だけど

▲チゴラス

③ つぎの □には、「のに」「ので」の どちらかが 入《はい》ります。ふさわしい ほうを 書《か》きましょう。

1 ねむく なった □、あくびが 出《で》ました。

2 いままで はれて いた □、雨《あめ》が ふって きた。

3 たまごは われやすい □、おとさないでね。

4 ちゅういして いた □、たまごを わって しまった。

▲ケロマツ

かぞえる　ことば

DATE
月《がつ》　日《にち》　よう日《び》

①　1から　3の　ものは、どう　かぞえる　でしょう。正《ただ》しい　ものと　●─●《せん》で　むすびましょう。

れい　本《ほん》・　　・一《いっ》こ（一玉《ひとたま》）

1　にんじん・　　・一《いっ》ぱい

2　ラーメン・　　・一《いっ》さつ

3　きゃべつ・　　・一本《いっぽん》

②　つぎの　ものを　かぞえる　ことばを、●─●《せん》で　むすびましょう。

1　ノート・え本《ほん》・　　・一《いっ》さつ、二《に》さつ

2　車《くるま》・じてん車《しゃ》・　　・一《いち》まい、二《に》まい

3　しゃしん・下《した》じき・　　・一《いち》だい、二《に》だい

③　つぎの　文《ぶん》の（　）に　かぞえる　ことばを　入《い》れましょう。

1　本《ほん》を　三《さん》（　　）かりて　きました。

2　「たまごを　六《ろっ》（　　）、きゅうりを　三《さん》（　　）かって　きて。」と、おかあさんに　たのまれました。

気《き》もちを あらわす ことば

① 気《き》もちを あらわす ことばが 正《ただ》しく つかわれて いる ほうの きごうに ○を つけましょう。

1
ア ポケモンを つかまえられそうで はらはらした。
イ ポケモンに にげられそうで はらはらした。

▶モンスターボール

2
ア みずあびして、きれいに なって せいせいした。
イ からだが よごれて せいせいした。

▶ワニノコ

② つぎの くりかえしことばと おなじ 気《き》もちを あらわす ことばを 下《した》から えらんで •—•《せん》で むすびましょう。

れい うきうき •　　　• こわい
1 びくびく •　　　• おちつかない
2 もじもじ •　　　• たのしい
3 そわそわ •　　　• はずかしい

③ （　）に あてはまる ことばを □から さがして かきましょう。

1 一人《ひとり》で あそんでも（　　）。
2 みんなと あそぶと（　　）。
3 へやが きたないので（　　）。
4 はしり つづけたので（　　）。
5 おばけが 出《で》たら（　　）。

はずかしい　つまらない　たのしい　おそろしい　くるしい

ことばを おぼえよう ⑩

おなじような いみの ことば

DATE　月《がつ》　日《にち》　よう日《び》

① つぎの □の ことばと、おなじような いみに なる ことばを さがして ●―● (せん)で むすびましょう。

1 みちを きく。 ・　　・ぬる

2 雨《あめ》が あがる。 ・　　・たずねる

3 ドアを ひらく。 ・　　・やむ

4 くすりを つける。 ・　　・あける

② ——と、おなじような いみの ことばを □から さがして、（　）に かきましょう。

1 車《くるま》の 音《おと》が うるさい。（　　）

2 この もんだいは やさしい。（　　）

3 きずついた つるを たすける。（　　）

4 とらの 目《め》が おそろしい。（　　）

5 出《で》かけて すぐに かえる。（　　）

すくう　もどる　こわい　さわがしい　かんたん

③ つぎの ——の ことばと おなじような いみの ことばを かんがえて □に あうように ひらがなで かきましょう。

れい
れんしゅうは くるしい。
れんしゅうは きつい。

1
とても うつくしい 花《はな》。
とても □□□ な 花《はな》。

2
学校《がっこう》は いえの ちかくに あります。
学校《がっこう》は いえの □□ に あります。

3
ともだちと 手《て》を にぎって あるく。
ともだちと 手《て》を □□□□ あるく。

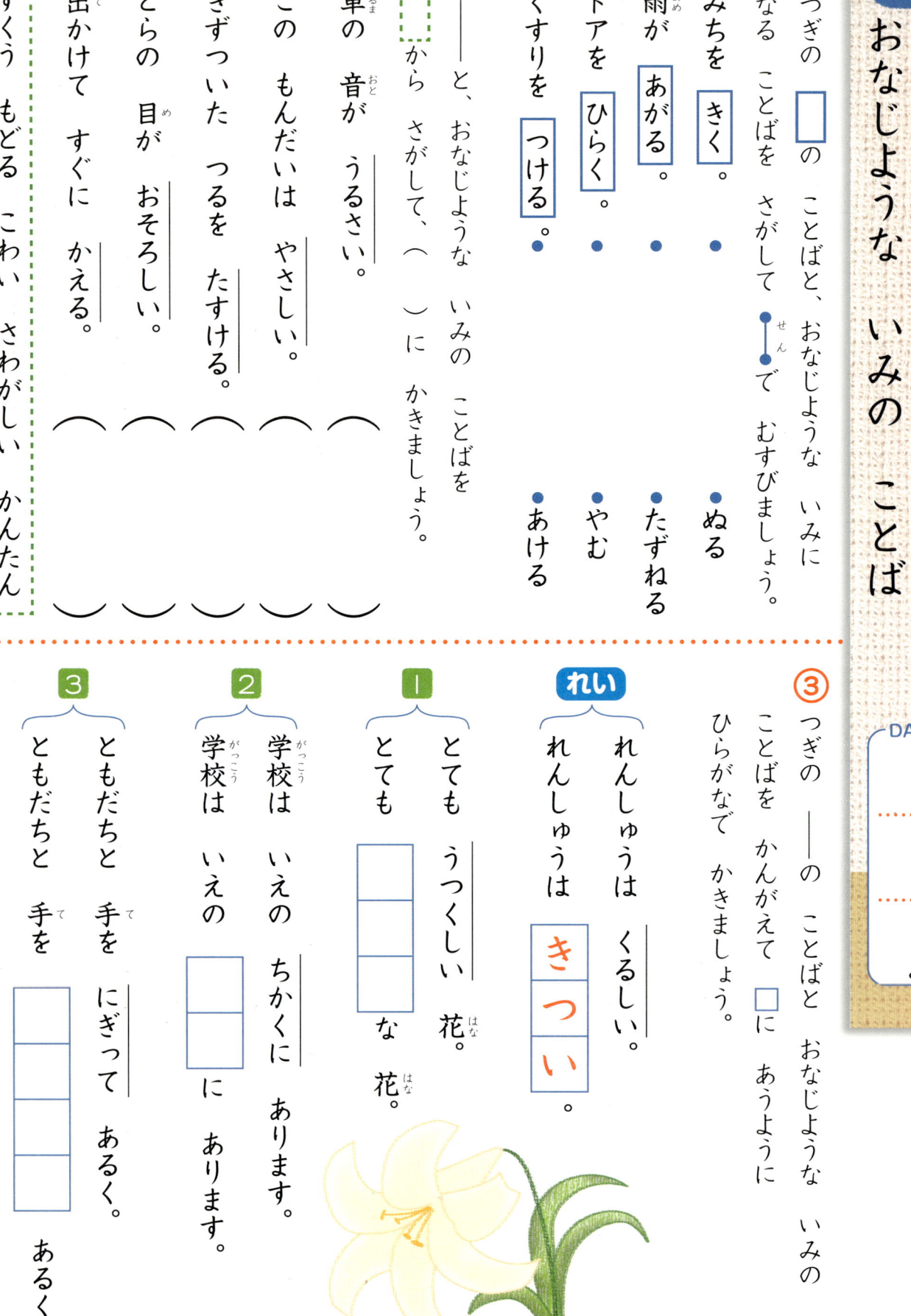

かんようく

ことばを おぼえよう ⑪

DATE 月《がつ》 日《にち》 よう日《び》

① つぎの ことばの いみに あう ものを、アと イから えらんで、きごうに ○を つけましょう。

1 口《くち》が かるい。
- ア おとなしい。
- イ おしゃべりで ある。

2 のどから 手《て》が 出《で》る。
- ア とても ほしい。
- イ とても くるしい。

3 しりに 火《ひ》が つく。
- ア とても あつい。
- イ とても あわてる。

4 ほねが おれる。
- ア とても いたい。
- イ とても くろうする。

▶ヒトカゲ

② □に あてはまる ことばを □から さがして かき、かんようくを かんせいさせましょう。

1 ねこの □も かりたい。
いみ とても いそがしい。

2 かおから □が 出《で》る。
いみ とても はずかしい。

3 □日《か》 ぼうず。
いみ あきっぽい 人《ひと》の こと。

4 □を まるく する。
いみ びっくりする。おどろく。

5 うり□つ。
いみ そっくりな こと。

三 二 目 火 手

◀フォッコ

ことわざ

ことばを おぼえよう ⑿

DATE 月《がつ》 日《にち》 よう日《び》

① つぎの ことわざの □に あてはまる ことばを [ ]から さがして かきましょう。

1 □に 小《こ》ばん

いみ ねうちの わからない ものに だいじな ものを あたえても、やくに 立《た》たないと いう こと。

2 かべに □あり しょうじに 目《め》あり

いみ どこで だれが 見《み》たり きいたり して いるか、わからないと いう こと。

3 □の 耳《みみ》に ねんぶつ。

いみ いくら ちゅういしても ききめが ない。ありがたい はなしも やくに 立《た》たない。

[ぶた ねこ うま 口《くち》 耳《みみ》]

② 1～4の ことわざ かるたの いみを 下《した》の カードから さがして、●—●《せん》で むすびましょう。

1 さるも 木《き》から おちる

2 七ころび 八《や》おき

3 たなから ぼたもち

4 なきっつらに はち

・なにも して いないのに、おもいも かけずに いい ことが おきる こと。

・どんな 名人《めいじん》でも、ときには しっぱいする ことが あると いう こと。

・なんど しっぱいしても、くじけずに 立《た》ち上《あ》がって がんばる こと。

・いやな ことや わるい ことが かさなって おきる こと。

文《ぶん》で つかう きごう

DATE 月《がつ》 日《にち》 よう日《び》

① つぎの □ には 文《ぶん》が 三《みっ》つ かかれて います。文《ぶん》の おわりに「。」を つけましょう。

きょうは 雨《あめ》が ふって います みんなは かさを さして あるいて います ぼくは これから ポケモンセンターに いく ところです

② 1と 2の うち、「 」の かきかたの 正《ただ》しい ほうに ○を つけましょう。

1 （ ） 男《おとこ》の子《こ》が 女《おんな》の子《こ》に、「ぼくの イーブイが ニンフィアに しんかしたよ。と いいました。」

2 （ ） 男《おとこ》の子《こ》が 女《おんな》の子《こ》に、「ぼくの イーブイが ニンフィアに しんかしたよ。」と いいました。

※ポケモンは しんかして、べつの すがたに なる ことが あるよ。

▶イーブイ ▶ニンフィア

③ つぎの 文《ぶん》で はなした ことばを さがして、「 」を つけましょう。

男《おとこ》の子《こ》が
まぼろしの ポケモン、セレビィを 見《み》つけたよ。
と いいました。
女《おんな》の子《こ》は
どこに いるの。
と いいました。
さがしても セレビィは 見《み》つかりません。
いないわよ。
女《おんな》の子《こ》が いうと、
さっきまで、
ここに いたんだよ。
と、 男《おとこ》の子《こ》は あたりを
きょろきょろ 見《み》まわしながら
いいました。

▶セレビィ

文《ぶん》しょうの れんしゅう (2)

文《ぶん》の かたち

DATE 月《がつ》 日《にち》 よう日《び》

① えに あう 文《ぶん》に なるように、正《ただ》しい ことばを えらんで ○で かこみましょう。

1 ｛女《おんな》の子《こ》は ／ おかあさんは｝ かぜで ねて います。

2 ｛女《おんな》の子《こ》は ／ おかあさんは｝ しんぱいして います。

② つぎの 文《ぶん》を よんで、「〜が」に あたる ことばを □から えらび、（　）に かきましょう。

1 （　　　）、とんでいます。

2 となりの （　　　）、ないて います。

3 空《そら》に （　　　）、うかんで います。

4 赤《あか》い （　　　）、はしって います。

5 （　　　）、ふって います。

くもが　くるまが　いぬが　あげはちょうが　あめが

③ だれが どうして いるでしょう。えに あう 文《ぶん》に なるように、ことばを じゆうに かんがえて （　）に かいて みましょう。

1

男《おとこ》の子《こ》と おとうさんが （　　　）を （　　　） います。

2

女《おんな》の子《こ》が （　　　）を （　　　） います。

3

男《おとこ》の子《こ》が おかあさんと （　　　）を （　　　） います。

ていねいな いいかた

文《ぶん》しょうの れんしゅう ⑶

DATE 月《がつ》 日《にち》 よう日《び》

① つぎの ――の ことばを ていねいな いいかたに しましょう。

れい 本《ほん》を よむ。→（よみます）。

1 ずつきを する。→（　　）。

2 ずつきを しない。→（　　）。

3 ずつきを した。→（　　）。

▶チゴラス

▶ニョロモ

② つぎの ――の ことばを、ていねいな いいかたに しましょう。

れい いい 天気《てんき》だ。→（天気《てんき》です）。

1 くさタイプの ポケモンが すきだ。→（　　）。

2 くさタイプの ポケモンが すきだった。→（　　）。

3 くさタイプの ポケモンが すきでは ない。→（　　）。

③ つぎの 文《ぶん》を、ていねいな いいかたに かきなおしましょう。

やせいの ポケモンに 出《で》あった。
バトルが はじまった。

→（　　）

▶コジョフー

文《ぶん》しょうの れんしゅう (4)

おはなしを かんせいさせよう

DATE 月《がつ》 日《にち》 よう日《び》

ぎの 文《ぶん》を よんで、下《した》の もんだいに こたえましょう。

（れい：林）

アリが [林] の 中《なか》の いずみの [1] を のもうと して おちて しまいました。そばの [2] に とまって いた ハトは、おぼれて いる アリを 見《み》て、すばやく はっぱを [3] まい くわえて とぶと、アリの そばに おとしました。アリは、はっぱの [4] に のって たすかりました。

しばらくして、てっぽうを もった [5] が、林《はやし》の [6] に [7] って きました。そして 木《き》に とまって いる ハトに てっぽうを むけました。

でも ハトは それに 気《き》づいて いません。その ときです。アリが [8] の 足《あし》に がぶりと かみついたのです。[9] は いたくて こえを あげました。すると、それに 気《き》づいた ハトは、ぶじに にげる ことが できたのです。

上《うえ》の おはなしの [1]〜[9] に あてはまる かん字《じ》を [ ] の 中《なか》から さがして かきましょう。

（※おなじ かん字《じ》を なんかい つかっても かまいません。）

1 [　]　2 [　]　3 [　]　4 [　]

5 [　]　6 [　]　7 [　]　8 [　]

9 [　]

林　男　水
木　中　入
上　一

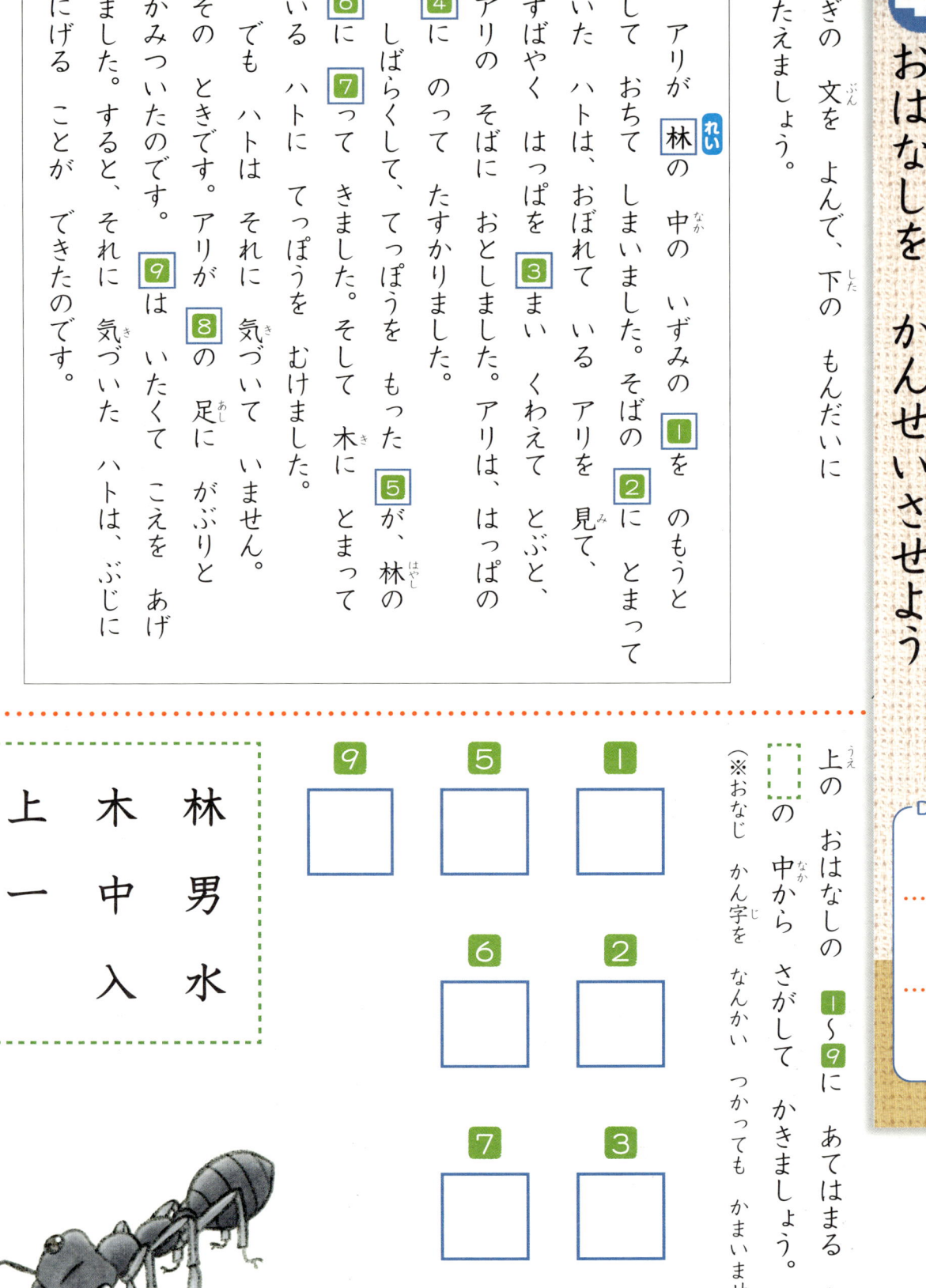

文《ぶん》しょうの れんしゅう ⑸

文《ぶん》を つくろう

DATE
月《がつ》
日《にち》
よう日《び》

えに あう 文《ぶん》を つくりましょう。□に あてはまる ことばを じゆうに かんがえて かきましょう。

□ が あなに おちました。
あなを □ のは、サンドの ようです。
その ようすを とおくから、
アチャモが □ 。

雨《あめ》が □ 。
フシギダネは 木《き》の 下《した》で 雨《あめ》やどりを □ 。
ケロマツは 雨《あめ》の 中《なか》、へいきで □ 。

フォッコが □ を 見《み》つけました。その うしろには □ が います。
モンスターボールと マルマインが よく にているので
□ は ふしぎそうです。

文《ぶん》しょうの れんしゅう ⑥

せつめいしよう

えを 見《み》て、かたちや とくちょうなどを
せつめいして みましょう。れいに ならって、
文を 三《みっ》つ かいて みましょう。

れい ぞう

- はなが ながい
- 耳《みみ》が 大《おお》きい
- からだが 大《おお》きい

1 たこ

-
-
-

2 パンダ

-
-
-

3 ゆきだるま

-
-
-

文《ぶん》しょうの れんしゅう (7)

りゆうを かこう

二つの ものを くらべて、どちらが すきか りゆうを かんがえて じゆうに かいて みましょう。

れい ラティオスと ラティアス

▶ラティオス

▶ラティアス

ぼくは（わたしは） ラティアスが すきです。

なぜなら 青《あお》いろよりも 赤《あか》いろの ほうが すきだ からです。

1 ピカチュウと デデンネ

▶ピカチュウ

▶デデンネ

←あなたの こたえは？

なぜなら

からです。

2 メタモンと ペロッパフ

▶メタモン

▶ペロッパフ

←あなたの こたえは？

3 ユニランと コダック

▶ユニラン

▶コダック

←あなたの こたえは？

DATE

月《がつ》

日《にち》

よう日《び》

文《ぶん》しょうの れんしゅう (8)

れいを かこう

わかりやすい れいを かく れんしゅうを します。
「たとえば」に つづく 文《ぶん》を かんがえて かきましょう。

れい

すきな あそびは?

ぼくには (わたしには)、すきな あそびが あります。

たとえば、こまを まわして あそぶのが すきです。

---

1 **にが手《て》な ものは?**

ぼくには (わたしには)、にが手《て》な ものが あります。

たとえば、

2 **学校《がっこう》で たのしみな ことは?**

学校《がっこう》では たのしみな ことが あります。

たとえば、

3 **すきな ばしょは?**

わたしには すきな ばしょが あります。

たとえば、

DATE 月《がつ》 日《にち》 よう日《び》

文《ぶん》しょうの れんしゅう ⑨

にて いる ところを かこう

つの ものを ならべて、にて いる ところを
がして かいて みましょう。

れい ピカチュウと ピチュー

▶ピカチュウ

▶ピチュー

- ほっぺが まるい
- 耳《みみ》が 大《おお》きい
- からだが きいろい

1 マイナンと プラスル

▶マイナン

▶プラスル

2 マルマインと モンスターボール

▶マルマイン

▶モンスターボール

3 カビゴンと マンムー

▶カビゴン

▶マンムー

DATE

月《がつ》

日《にち》

よう日《び》

文《ぶん》を よんで かんがえよう ⑴

おしえて どうぶつくん

DATE 月《がつ》 日《にち》 よう日《び》

かめと かにが じぶんの ことを しょうかいして います。下《した》の もんだいに こたえましょう。

ぼくは あしは おそいけど、水《みず》の 中《なか》では すいすい およげるんだ。
それに、なが生《い》きも するんだよ。
こわい てきが きても、くびや あしを ひっこめて しまえば だいじょうぶ。かたい こうらが まもって くれるんだ。
さむい ふゆは にが手《て》だから、ゆっくり ねて すごすんだよ。

りくでも 水《みず》の 中《なか》でも へいきだよ。
ひるは、見《み》つからないように、いわの かげに かくれて いるよ。
かたい からで みを まもり、大《おお》きな はさみで てきと たたかうんだ。
ときどき あわを ふくけれど、それは、くるしい ときさ。きれいな 水《みず》が ほしく なった ときなんだよ。

1 ア～オは、どちらの ことですか。あてはまる きごうを、□に かきましょう。

ア 大《おお》きな はさみで たたかう。
イ さむい ふゆは ねて すごす。
ウ あしが おそい。
エ あわを ふく。
オ なが生《い》きを する。

2 かめと かにの しつもんに こたえましょう。

ぼくは、こわい てきが きたら どう するのかな。

ぼくは、ひるには どこに かくれて いるのかな。

文《ぶん》を よんで かんがえよう (2)

おはなしを よもう

DATE 月《がつ》 日《にち》 よう日《び》

ぎの 文《ぶん》を よんで、もんだいに こたえましょう。

とけいが 十二《じゅうに》を うちました。

(1)たいへんです。しんでれらは あわてて かいだんを かけ下《お》りました。なぜって、十二《じゅうに》じを すぎると、まほうが とけて しまうのです。

きれいな どれすも ば車《しゃ》も みんな、まほうで こしらえて もらった ものです。十二《じゅうに》じを すぎる まえに、早《はや》く この おしろを 出《で》て いかなければ なりません。

でも しんでれらは とても あわてたので、(2)がらすの くつが ぬげて しまいました。

1 右《みぎ》の 文《ぶん》の 中《なか》から、かたかなで かく ことばを 三《みっ》つ さがして かたかなで かきましょう。

□ □ □

2 (1)――「たいへんです」と ありますが、どんな ことが たいへんなの ですか。□に あてはまる ことばを かきましょう。

□□□ を すぎると □□□ が とけて しまう こと。

◀バケッチャ

3 (2)――「くつが ぬげて」しまったのは、どうしてですか。その わけを 四字《よじ》で ぬき出《だ》して かきましょう。

□□□□ ので

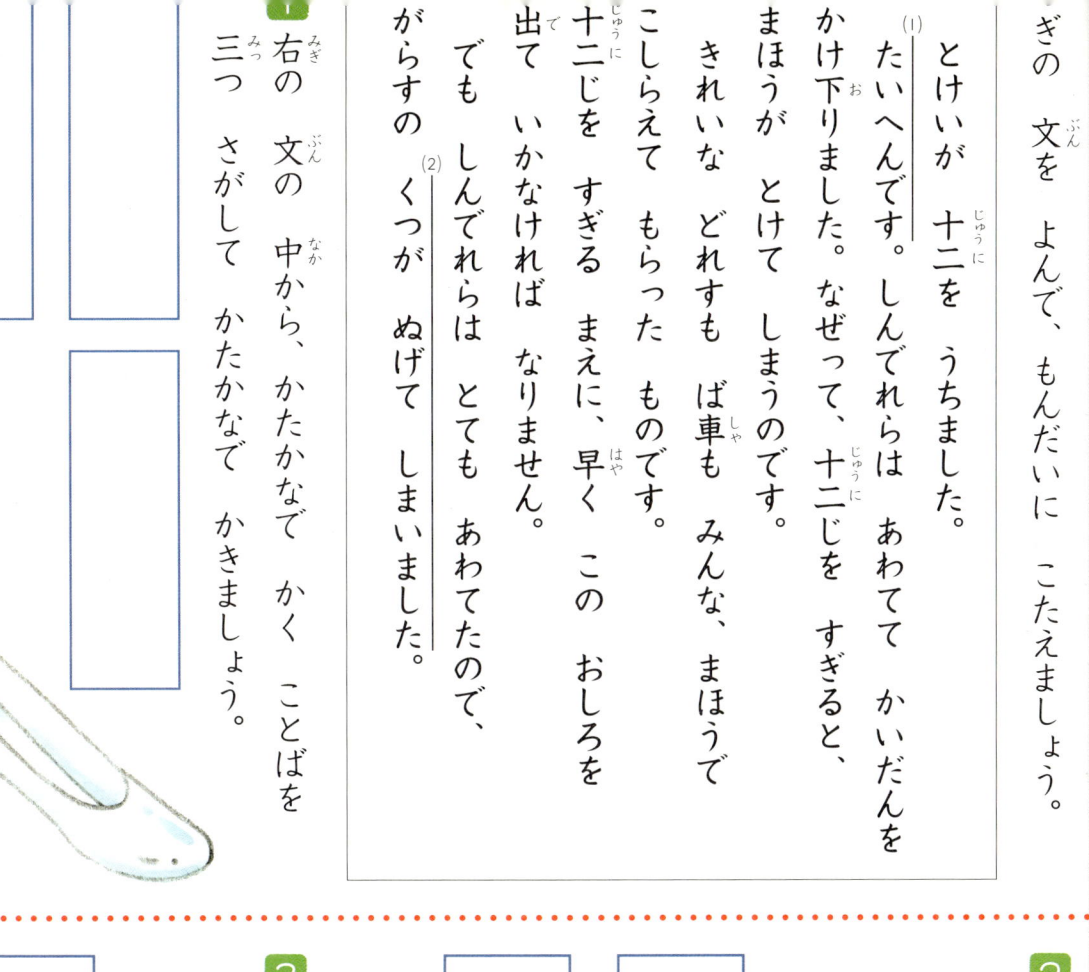

文《ぶん》を　よんで　かんがえよう　(3)

カタツムリの　ひみつ

ぎの　文《ぶん》を　よんで　もんだいに　こたえましょう。

　カタツムリを　見《み》つけるには、どう　したら いいでしょう。

　はれた　日《ひ》には　あまり　うごきまわりません。草《くさ》の　ねもとや、はの　うらなどに　かくれて　います。

　雨《あめ》の　日《ひ》や、雨《あめ》が　上《あ》がった　あとなどには、うごきまわるので　よく　見《み》つける　ことが　できます。雨《あめ》の　おおい　六月《ろくがつ》などは、みなさんも、よく　見《み》る　ことが　あるでしょう。

　でも、あつい　なつは　にがてです。日《ひ》の　あたらない　ところで、からの 中《なか》に　とじこもって　じっと　して　います。

　カタツムリが、雨《あめ》が　すきな　わけは、もともと うみに　すむ　まき貝《がい》の　なかまだったからです。せなかの　からを　よく　見《み》ると、貝《かい》の　かたちを して　いますね。

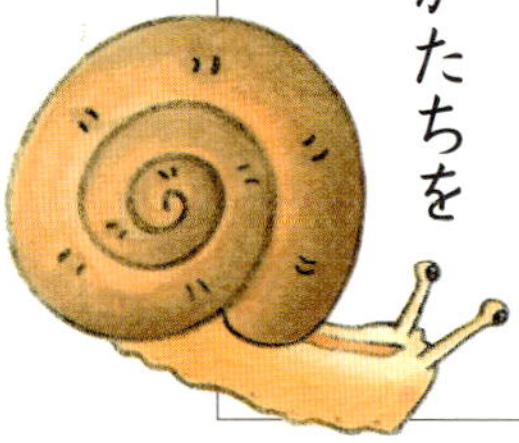

DATE　月《がつ》　日《にち》　よう日《び》

1 はれた　日《ひ》は、カタツムリは　どう　して　いますか。正《ただ》しい　きごうに　一《ひと》つだけ　○を　つけましょう。

ア　よく　うごき　まわって　いる。

イ　草《くさ》の　ねもとや　はの　うらに　かくれて　いる。

ウ　うみに　すんで　いる。

2 カタツムリを　よく　見《み》かけるのは　いつごろ ですか。□に　あてはまる　ことばを　かきましょう。

雨《あめ》の　おおい　□□

3 カタツムリに　ついて、正《ただ》しい　文《ぶん》の　きごうに 二《ふた》つ　○を　つけましょう。

ア　なつが　大《だい》すきです。

イ　まき貝《がい》の　なかまです。

ウ　雨《あめ》の　日《ひ》は　じっと　して　います。

エ　なつは、からの　中《なか》に　とじこもって　います。

文《ぶん》を よんで かんがえよう (4)

はなって なあに?

つぎの 文《ぶん》を よんで もんだいに こたえましょう。

「かおの まん中《なか》に ある 小《ちい》さな 山《やま》、二《ふた》つの トンネル あいてます。これ なあに?」

この (1)なぞなぞの こたえは、すぐに わかりますね。

そうです。「はな」ですね。

ところで、(2)「はな」は、なにを する ために あるのでしょうか。

一《ひと》つは、いきを する ためですね。くうきを からだの 中《なか》に 入《い》れたり、だしたり する ことで、わたしたちは 生《い》きて います。「はな」は、とても たいせつな はたらきを して いるのです。

二《ふた》つ目《め》は、においを かぐ ためです。くさった ものの いやな においや こげる におい、きけんな ものは においで わかります。(　(3)　)、においを かぐ ことで きけんを しる ことが できるのです。

これも 「はな」の たいせつな はたらきです。

▼マンムー

1 (1)――「なぞなぞの こたえ」は なんですか。

2 (2)――「はな」は なにを する ために あるのでしょうか。二《ふた》つ さがして、かきましょう。

3 (3)に あてはまる つなぎことばに、○を つけましょう。

しかし・ところが・ですから

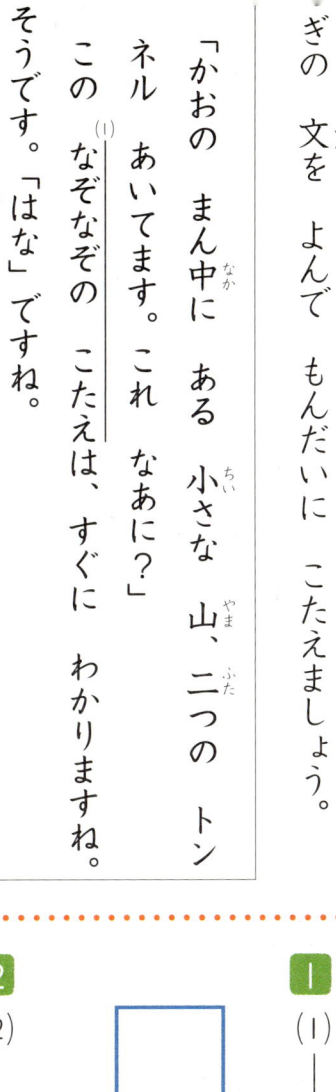

どうぶつの 赤《あか》ちゃん

文《ぶん》を よんで かんがえよう (5)

DATE 月《がつ》 日《にち》 よう日《び》

ぎの 文《ぶん》を よんで もんだいに こたえましょう。

(1)こまった ことに、どうぶつの 赤《あか》ちゃんは てきに ねらわれやすいのです。

（　）、まだ 小《ちい》さくて、こうげきする 力《ちから》も もって いないからです。

その ため おやは こわい てきから 赤《あか》ちゃんを まもりながら そだてなければ なりません。

はるに なると、(2)カラスが 人《にん》げんに おそいかかる ことが ありますが、それは、ちかくで ひなを そだてて いる ときです。ひなを まもる ためなのです。

カンガルーの 赤《あか》ちゃんは おかあさんの おなかの ふくろに 入《はい》って います。ふくろの 中《なか》に おちちも あります。ここで 赤《あか》ちゃんを そだてて います。こういう ふくろが あれば、いつも、そばに いられるので、あんしんですね。

1 (1)──「こまった こと」とは、どんな ことですか。□に ことばを かきましょう。

□□ に ねらわれやすい こと

2 （　）に あてはまる つなぎことばに、○を つけましょう。

しかし・なぜなら・だから

3 (2)──「カラスが 人《にん》げんに おそいかかる」のは、なんの ためですか。文中《ぶんちゅう》から ぬき出《だ》して かきましょう。

4 カンガルーは どこで 赤《あか》ちゃんを そだてて いますか。

ラクダは らくだ

文《ぶん》を よんで かんがえよう ⑹

ぎの 文《ぶん》を よんで もんだいに こたえましょう。

水《みず》も 草《くさ》も ない すなだらけの さばくを、へいきな かおして 歩《ある》いて いる ラクダは、ふしぎな どうぶつです。せなかの こぶも おもしろいですね。あれは いったい なんでしょう。 水《みず》でも つまって いるのでしょうか。

たしかに ラクダは、いちどに たくさんの 水《みず》を のむ ことが できます。でも、ラクダの こぶの なかみは、「しぼう」です。くるまで いえば、ガソリンが 入《はい》って いるのと おなじです。一《いち》どに 草《くさ》を たくさん たべて、こぶの 中《なか》に しぼうを ためて おく ことが できるのです。

また さばくの 中《なか》で つよい かぜが ふくと、すなが とんで きます。目《め》に すなが 入《はい》らないように、ラクダの まつげは ながいのです。耳《みみ》にも ながい けが 生《は》えて います。はなの あなも しっかり とじる ことが できるんです。

すなから まもる ために、目《め》や 耳《みみ》や はなが そう なって いるのです。

DATE
月《がつ》
日《にち》
よう日《び》

1 さばくは どんな ところですか。□に あてはまる ことばを かきましょう。

□ も □ も ない

□□ だらけの ばしょ。

2 ラクダの こぶには なにが つまって いますか。あてはまる きごうに ○を つけましょう。

ア 水《みず》　イ しぼう　ウ ガソリン

3 ラクダの 目《め》や 耳《みみ》や はなは、どう なって いますか。□に あてはまる ことばを かきましょう。

目《め》―□□□が ながい。

耳《みみ》―□□□ けが 生《は》えて いる。

はな―しっかり □□□ ことが できる。

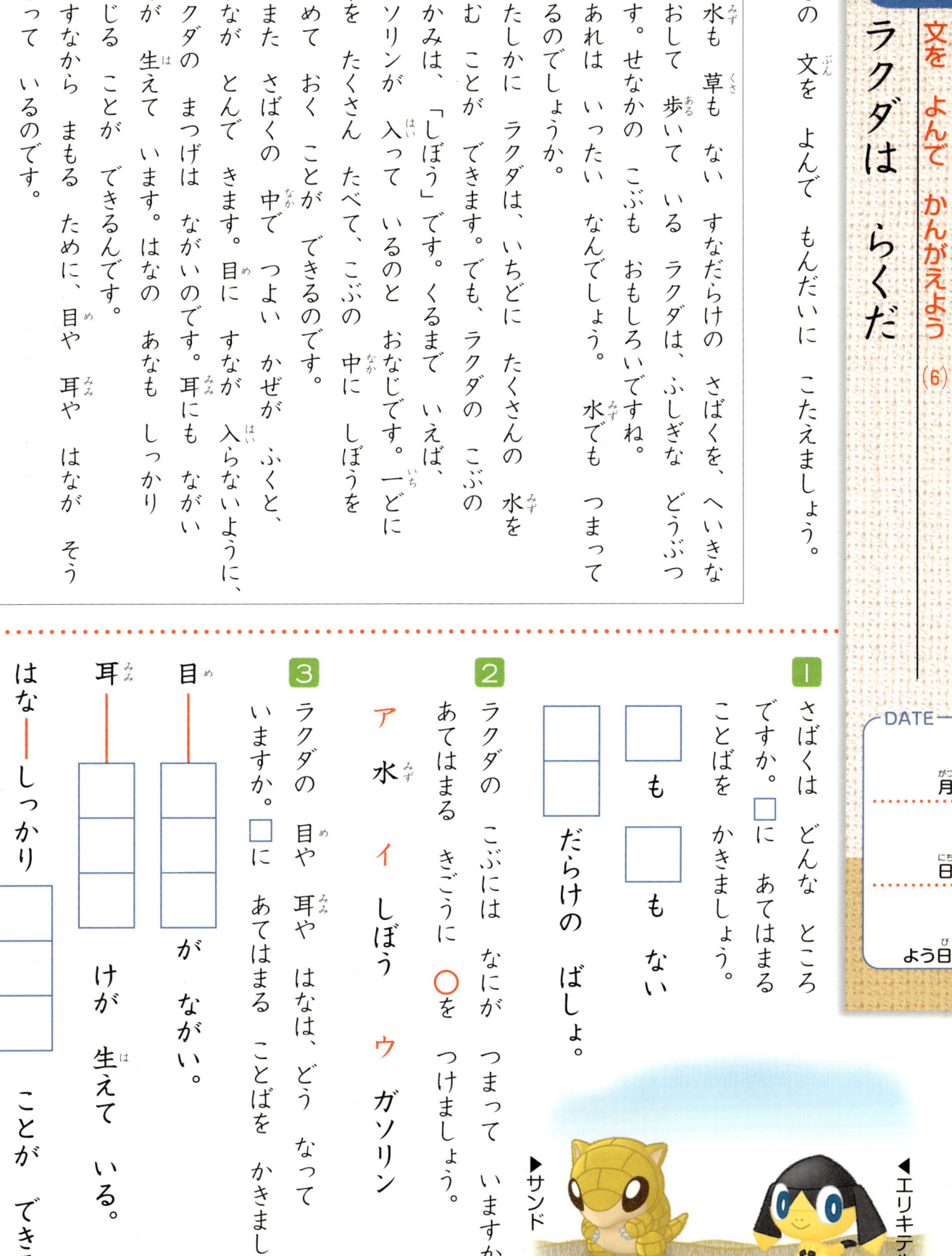

文《ぶん》を よんで かんがえよう (7)

さかなって なに？

つぎの 文《ぶん》を よんで、もんだいに こたえましょう。

さかなとは、どういう 生《い》きものでしょうか。わかりやすい とくちょうを いくつか あげて みましょう。

水《みず》の 中《なか》に すんで いる。

せぼねが ある。

たまごから 生《う》まれる。

足《あし》が なく、ひれが ある。

えらで こきゅうする、などです。

タコや イカや カニなどには、足《あし》が ありますね。また、せぼねも ないので、さかなの なかま では ありません。

クジラや イルカは 水《みず》の 中《なか》に すんで いて、さかなの ような すがたを して いますが、たまごから 生《う》まれません。人《ひと》と おなじように、赤《あか》ちゃんを うみます。ですから さかなの （　　）。

1 さかなの とくちょうに ついて、つぎの □に あてはまる ことばを かきましょう。

- □の 中《なか》に すんで いる。
- せぼねが ある。
- □から 生《う》まれる。
- □が なく、ひれが ある。
- えらで こきゅうする。

2 タコや イカは、さかなと どんな ちがいが ありますか。二《ふた》つ さがして、□に あてはまる ことばを かきましょう。

- □が ある。
- □が ない。

3 （　　）に あてはまる ことばを、つぎの 中《なか》から えらび、きごうに ○を つけましょう。

ア なかまでは ありません。

イ なかまです。

耳《みみ》の　はたらき

文《ぶん》を　よんで　かんがえよう　(8)

DATE　月《がつ》　日《にち》　よう日《び》

つぎの　文《ぶん》を　よんで　もんだいに　こたえましょう。

二月三日《にがつみっか》は、「耳の日《みみのひ》」と　いう　きねん日《び》にも　なって　います。かおの（――）に　とび出《だ》して　いる　耳《みみ》は、よく　見《み》ると　ふしぎな　ものです。

耳《みみ》の　はたらきは、もちろん、いろいろな　音《おと》を　きくと　いう　ことですね。いろいろな　音《おと》は、耳《みみ》の　あなの　中《なか》の　「こまく」が　ふるえる　ことで、うけとる　ことが　できるように　なって　います。ですから、耳《みみ》の　あなを　ふさげば、音《おと》は　きこえなく　なります。

そとに　とび出《だ》して　いる　耳《みみ》の　ぶぶんは、なんの　ために　あるのでしょう。これは、音《おと》を　あつめる　はたらきを　して　います。

ぞうの　耳《みみ》は　人《にん》げんよりも　とても　大《おお》きいですね。耳《みみ》の　うしろに　手《て》を　あてて　きいて　ごらんなさい。音《おと》が　よく　きこえるように　なりますよ。

◀ニャオニクス（オスの　すがた）

1　（――）に　あてはまる　ことばを　つぎから　えらび、きごうに　○を　つけましょう。

ア　上下《じょうげ》　イ　左右《さゆう》　ウ　前後《ぜんご》

2　耳《みみ》の　はたらきは　どういう　ものですか。文中《ぶんちゅう》の　ことばを　ぬき出《だ》して　こたえましょう。

3　――「そとに　とび出《だ》して　いる　耳《みみ》の　ぶぶん」は、どんな　はたらきを　して　いますか。

4　つぎの　㋐・㋑の　ように　するには、耳《みみ》を　どうすれば　いいでしょう。文中《ぶんちゅう》の　ことばを　つかって　こたえましょう。

㋐　音《おと》を　きこえなくする。

㋑　音《おと》が　よく　きこえるように　する。

文《ぶん》を よんで かんがえよう ⑨

ミツバチの す

つぎの 文《ぶん》を よんで もんだいに こたえましょう。

ミツバチの すを 見《み》た ことが ありますか。

ミツバチの すには、⑴たくさんの 小《ちい》さな へやが あります。たまごや よう虫《ちゅう》の ための へや、花《か》ふんや みつを ためて おく へやなどです。

すには 一《いっ》ぴきの 女王《じょおう》バチが います。ほかの ハチよりも 大《おお》きく、一《いち》どに たくさんの たまごを うみます。

ほかには、おすバチと たくさんの はたらきバチが います。しごとの ほとんどは、はたらきバチが します。たべもので ある 花《か》ふんや みつを あつめて くるのも、この ハチの しごとです。花《はな》に とまって いる ハチは はたらきバチなのです。

それだけでは ありません。すを つくるのも、そうじを するのも、はたらきバチの しごとです。てきが きた ときは、すを まもる ために たたかいます。

はたらきバチは、ほんとうに はたらきものの ハチなのです。

1 ⑴——「たくさんの 小《ちい》さな へや」とは、どんな へやですか。□に あてはまる ことばを かきましょう。

□や□の ための へや。

□や□を ためて おく へや。

2 ミツバチの すには、どんな ハチが いますか。三《みっ》つ さがして かきましょう。

□

□

□

3 はたらきバチは、どんな しごとを して いますか。□に あてはまる ことばを あつめて くる。

□□□や□□を あつめて くる。

□を つくる。□□□を する。

□□と たたかう。

DATE 月《がつ》 日《にち》 よう日《び》

愛読者アンケート

封筒にしてお送りください。抽選で10名に図書カード2000円分をお送りします。
しめきり：平成30年2月20日

（封筒の作り方）
－－－－－－に沿って切り取り、必要事項を記入してください。記入を終えたら……で2つ折りにして、「のりしろ」と「はりしろ」の同じ記号どうしを貼り合わせて、投函願います。

料金受取人払郵便

神田局承認
7660

差出有効期間
平成30年2月25日まで
（切手は不要です）

101-8021
123

（受取人）
東京都神田郵便局郵便私書箱8号
小学館 児童・学習編集局
小学館の習熟ポケモンドリル
小学1年生 こくご
愛読者係行

ご住所（〒　　　）	お電話番号
保護者のお名前	お仕事
読者のお名前　男・女	満　　歳

はりしろB

はりしろA

小学館の習熟ポケモンドリル

はりしろC

小学館では、今後の刊行物、企画、催しや宣伝企画などの参考にするため、お客様にアンケートをお願いしています。ご回答いただいた内容は、お名前、ご住所、ご連絡先等のお客様を特定できる部分を除いて集計いたします。封書は、集計後速やかに断裁し、6か月を超えて保有することはありません。

のりしろC

のりしろA

のりしろB

小学館の習熟ポケモンドリル　小学1年生　こくご　愛読者アンケート

1. 本書をお買い求めいただいた理由をお答えください(複数回答可)

①ポケモンがのっていたから　②表紙が気に入ったから
③小学館の他のドリルを使ったことがあるから　④問題の量がちょうどよかったから
⑤お子さんにちょうどいいレベルだったから　⑥シールやポスターがついているから
⑦その他(具体的にお答えください　)

2. 本書を使った感想はいかがでしたか?

①本の大きさ	(A.小さすぎる	B.ちょうどいい	C.大きすぎる)
②問題の量	(A.少なすぎる	B.ちょうどいい	C.多すぎる)
③問題のレベル	(A.簡単すぎる	B.ちょうどいい	C.難しすぎる)
④お子さんの反応	(A.熱心にやっていた	B.普通	C.あまりやらなかった)

3. 本書以外のドリルをお使いになられたことはありますか?

①ある［具体的な書名や会社名をお答えください　］

②ない　③プリスクール・保育園・幼稚園で使ったことがある

4. 本書についてのご意見・ご感想をお聞かせください。

ありがとうございました。感想は宣伝などに使わせていただくことがあります。

小学1年生　こくご

こたえ

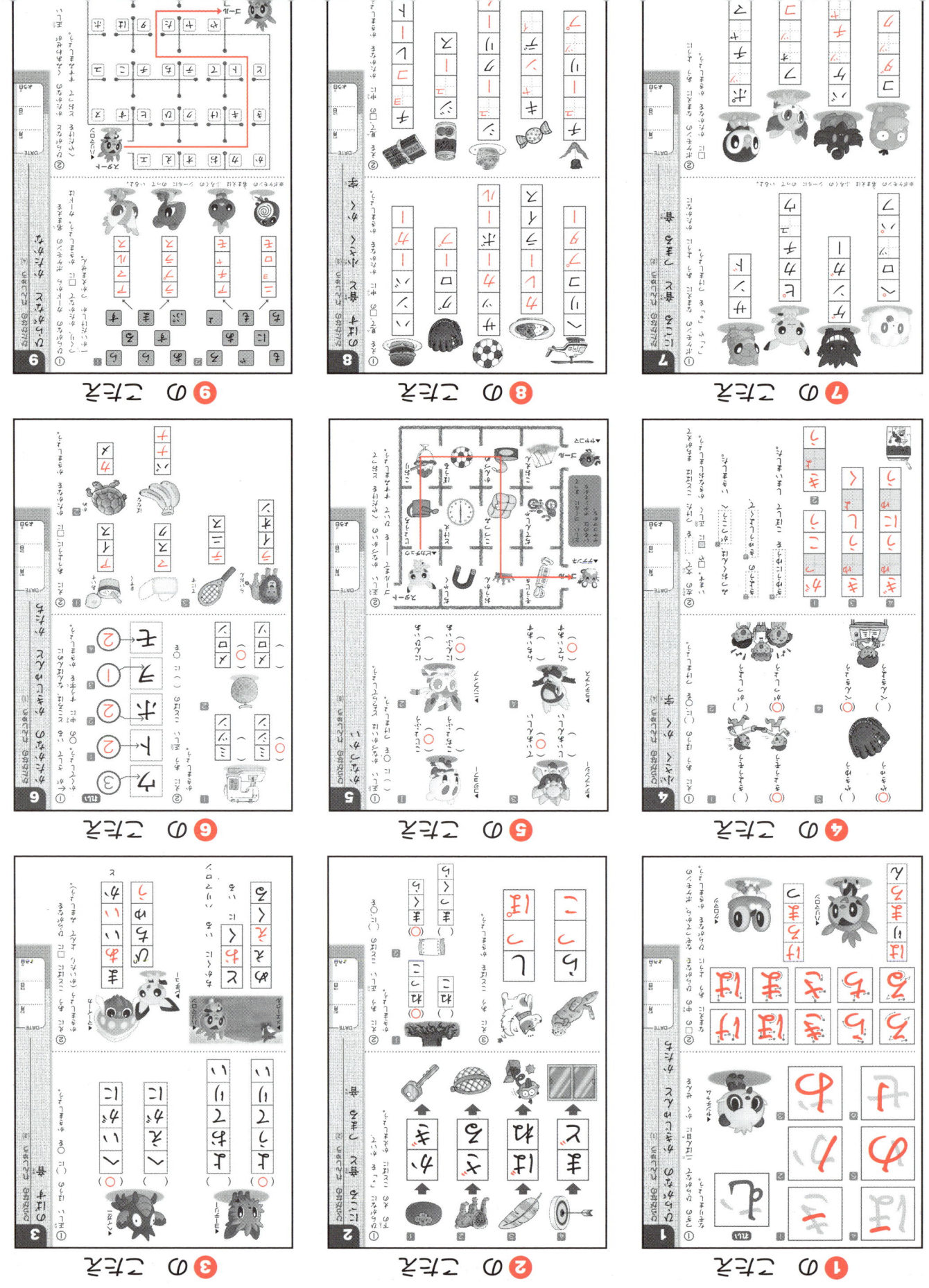

1の こたえ

1 ひらがなの れんしゅう (1)
ひらがなの かきじゅんと かたち

① つぎの ひらがなで 二ばん目に かく せんを なぞりましょう。
れい む
1 き　2 か　3 お　4 ほ　5 め　6 せ
▲ヤンチャム

② □の 中の ひらがなを なぞってから、ポケモンの なまえに あう ように ひらがなを かきましょう。
け　は　ほ　ま　き　さ　ら　ち　ろ　る
▲ケロマツ　けろまつ
▲ハリマロン　はりまろん

DATE　月　日　よう日

2の こたえ

2 ひらがなの れんしゅう (2)
にごる 音と つまる 音

① ひらがなに「゛」を かいて、下の えの ことばに かえましょう。
1 かぎ　2 ざる　3 ばね　4 まど

② えに あう 正しい ことばの（ ）に ○を かきましょう。
1 （○）ねっこ　（ ）ねこ
2 （○）まくら　（ ）まっくら

③ えに あう ことばを かきましょう。
しっぽ　らっこ

3の こたえ

3 ひらがなの れんしゅう (3)
のばす 音

① 正しい ほうの（ ）に ○を かきましょう。
▲ヘイガニ　（○）へいがに　（ ）へえがに
▲ヨーテリー　（ ）よおてりい　（○）ようてりい

② えに あう ことばに □に ひらがなを かきましょう（かいたら よんで みましょう）。
▲マーイーカ　まあいいか と
▲ピチュー　ぴちゅう
▲ハリマロン　ちかくに いる ハリマロン　とおくに いる
▲メェークル　めええくる

4の こたえ

4 ひらがなの れんしゅう (4)
小さく かく 字

① えに あう ほうの（ ）に ○を つけましょう。
1 （ ）きようそう　（○）きょうそう
2 （ ）がしよう　（○）がっしょう
3 （ ）やきゆう　（○）やきゅう
4 （○）べんきょう　（ ）べんきよう

② 左の 文で、□や ▓の ところを つけた ことばは まちがえて います。□や ▓に 正しく かきなおしましょう。
みつおくんは、がつこうへ いきました。
きようの きゆうしよくで、
ぎゆうにゆうを こぼして しまいました。
1 がっこう　2 きょう　3 きゅうしょく　4 ぎゅうにゅう

5の こたえ

5 ひらがなの れんしゅう (5)
かなづかい

① 正しい かなづかいは どちらでしょう。（ ）に ○を つけましょう。
1 ▲コジョフー　（○）こじょふう　（ ）こぢょふう
2 ▲ニンフィア　（ ）にんひいあ　（○）にんふぃあ
3 ▲ディアンシー　（○）でぃあんしい　（ ）じぃあんしい
4 ▲ラティアス　（ ）らちいあす　（○）らてぃあす

② 正しい かなづかいの へやだけを とおって ゴールまで ——を ひいて すすみましょう。
スタート　▲ピカチュウ
ちしゃく　おうかん　そうじき
じょうろ　とけえ　こづつみ　ぢてんしゃ
こおり　ぼうる　かんづめ　こおえん
ゴール ▲デデンネ　ゴール ▲ヤヤコマ
正しい ゴールに まって いるのは デデンネかな。ヤヤコマかな。

6の こたえ

6 かたかなの れんしゅう (1)
かたかなの かきじゅんと かたち

① ←が さして いる ところは、なんばんめに かくでしょう。○の 中に すう字を かきましょう。
れい ウ ③
1 ト ②　2 ポ ②　3 ヲ ①　4 モ ②

② えに あう 正しい ことばの（ ）に ○を かきましょう。
1 （ ）ミツン　（○）ミシン
2 （○）メロン　（ ）メロソ

③ えに あうように □に かたかなを かきましょう。
あいす アイス　ますく マスク　てにす テニス　らいおん ライオン　かめ カメ　ばなな バナナ

7の こたえ

7 かたかなの れんしゅう (2)
にごる 音と つまる 音

① ポケモンの なまえに あう ように かたかなに「゛」や「゜」を つけましょう。
サンド　ピカチュウ　ゲンガー　ペロッパフ
※ポケモンの 名まえは ふろくの シールに のって いるよ。

② ポケモンの なまえに あう ように □に かたかなを かきましょう。
ポッチャマ　フォッコ　バケッチャ　コダック

8の こたえ

8 かたかなの れんしゅう (3)
のばす 音と 小さく かく 字

① えを 見て、□の 中に かたかなを かきましょう。
ハンバーガー　グローブ　サッカーボール　カレーライス　ヘリコプター

② えを 見て、□の 中に かたかなを かきましょう。
チョコレート　ジュース　シュークリー　キャンディ　チューリップ

9の こたえ

9 かたかなの れんしゅう (4)
ひらがなと かたかな

① ひらがなの カードから ポケモンの 名まえを つくり、かたかなで □に かきましょう。カードは 一かいだけしか つかえません。
ら　ら　あ　る　す　す　ま　ぷ　ろ　や　も　に　あ　よ　ち　も
アマルス　ラプラス　アチャモ　ニョロモ
※ポケモンの 名まえは ふろくの シールに のって いるよ。

② ひらがなと かたかなの くみあわせが 正しい へやだけを とおって すすみましょう。
スタート ▲ハリマロン
か カ　お オ　え エ
き キ　け ク　ひ ヒ　す ヌ
と ト　て テ　ち チ　こ ユ
や ヤ　た タ　は ホ
ゴール

10の こたえ

10 かん字の れんしゅう (1) 一・二・三・四

① うすい 字を なぞって かん字を かきましょう。

一　二　三　四

② ——の かん字の よみがなを、（ ）に ひらがなで かきましょう。

1 りんごが 一こ。（いっ）
2 二ひきの 犬。（に）
3 車が 三だい。（さん）
4 四月生まれ（し）

11の こたえ

11 かん字の れんしゅう (2) 五・六・七・八

① うすい 字を なぞって かん字を かきましょう。

五　六　七　八

② ——の かん字の よみがなを、（ ）に ひらがなで かきましょう。

1 カクレオンが 五ひき。（ご）
2 六まいの かみ。（ろく）
3 七ひきの ヌメラ。（しち）（なな）
4 八つの 石。（やっ）

12の こたえ

12 かん字の れんしゅう (3) 九・十・月・日

① うすい 字を なぞって かん字を かきましょう。

九　十　月　日

② ——の かん字の よみがなを、（ ）に ひらがなで かきましょう。

1 九本の 花。（きゅう）
2 十人で わける。（じゅう）
3 きれいな 月。（つき）
4 日よう日に いく。（にち）（び）

13の こたえ

13 かん字の れんしゅう (4) 山・川・木・人

① うすい 字を なぞって かん字を かきましょう。

山　川　木　人

② ——の かん字の よみがなを、（ ）に ひらがなで かきましょう。

1 山に のぼる。（やま）
2 川へ いく。（かわ）
3 木よう日（もく）
4 人ぎょうで あそぶ。（にん）

14の こたえ

14 かん字の れんしゅう (5) 上・下・大・小

① うすい 字を なぞって かん字を かきましょう。

上　下　大　小

② ——の かん字の よみがなを、（ ）に ひらがなで かきましょう。

1 ちょう上に つく。（じょう）
2 下を 見る。（した）
3 大きい つくえ。（おお）
4 小学生（しょう）

15の こたえ

15 かん字の れんしゅう (6) 中・口・先・生

① うすい 字を なぞって かん字を かきましょう。

中　口　先　生

② ——の かん字の よみがなを、（ ）に ひらがなで かきましょう。

1 みちの まん中。（なか）
2 へやの 入り口。（ぐち）
3 先に いく。（さき）
4 先生の かばん。（せんせい）

16の こたえ

16 かん字の れんしゅう (7) 力・目・文・字

① うすい 字を なぞって かん字を かきましょう。

力　目　文　字

② ——の かん字の よみがなを、（ ）に ひらがなで かきましょう。

1 力 いっぱい はしる。（ちから）
2 目ぐすりを さす。（め）
3 文を かく。（ぶん）
4 字を かく。（じ）

17の こたえ

17 かん字の れんしゅう (8) 子・夕・名・本

① うすい 字を なぞって かん字を かきましょう。

子　夕　名　本

② ——の かん字の よみがなを、（ ）に ひらがなで かきましょう。

1 大人と 子ども。（こ）
2 夕がたまで あそぶ。（ゆう）
3 名ふだを つける。（な）
4 本を よむ。（ほん）

18の こたえ

18 かん字の れんしゅう (9) 左・右・千・百

① うすい 字を なぞって かん字を かきましょう。

左　右　千　百

② ——の かん字の よみがなを、（ ）に ひらがなで かきましょう。

1 左右を よく 見る。（さゆう）
2 右がわを あるく。（みぎ）
3 千ばづるを おる。（せん）
4 百てんの テスト。（ひゃく）

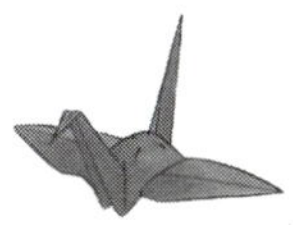

19の こたえ

19 かん字の れんしゅう 円・年・田・土

① うすい 字を なぞって かん字を かきましょう。

土（ド・ト・つち） 土 土 土
田（デン・た） 田 田 田
年（ネン・とし） 年 年 年
円（エン・まる(い)） 円 円 円

② ——の かん字の よみがなを、（ ）に ひらがなで かきましょう。

1 一円玉（いちえん）
2 一年生の きょうしつ。（いちねんせい）
3 広い 田んぼ。（た）
4 雨の 土よう日。（ど）

20の こたえ

20 かん字の れんしゅう 石・火・水・金

① うすい 字を なぞって かん字を かきましょう。

金（キン・コン・かね・かな） 金 金 金
水（スイ・みず） 水 水 水
火（カ・ひ） 火 火 火
石（セキ・シャク・いし） 石 石 石

② ——の かん字の よみがなを、（ ）に ひらがなで かきましょう。

1 石を はこぶ。（いし）
2 たき火に あたる。（び）
3 水えいの せん手。（すい）
4 金色に ひかる。（きん）

21の こたえ

21 かん字の れんしゅう 竹・林・森・草

① うすい 字を なぞって かん字を かきましょう。

草（ソウ・くさ） 草 草 草
森（シン・もり） 森 森 森
林（リン・はやし） 林 林 林
竹（チク・たけ） 竹 竹 竹

② ——の かん字の よみがなを、（ ）に ひらがなで かきましょう。

1 竹やぶに かくれる。（たけ）
2 林で 休む。（はやし）
3 森林へ いく。（しんりん）
4 草とりを する。（くさ）

22の こたえ

22 かん字の れんしゅう 犬・虫・貝・花

① うすい 字を なぞって かん字を かきましょう。

花（カ・はな） 花 花 花
貝（かい） 貝 貝 貝
虫（チュウ・むし） 虫 虫 虫
犬（ケン・いぬ） 犬 犬 犬

② ——の かん字の よみがなを、（ ）に ひらがなで かきましょう。

1 犬が ほえる。（いぬ）
2 虫かごに 入れる。（むし）
3 貝がらを ひろう。（かい）
4 花を かざる。（はな）

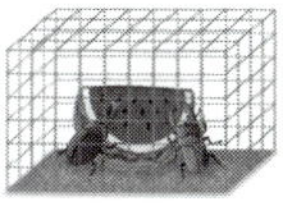

23の こたえ

23 かん字の れんしゅう 赤・青・白・早

① うすい 字を なぞって かん字を かきましょう。

早（ソウ・はや(い)・はや(まる)・はや(める)） 早 早 早
白（ハク・しろ・しら・しろ(い)） 白 白 白
青（セイ・あお・あお(い)） 青 青 青
赤（セキ・あか・あか(い)・あか(らむ)・あか(らめる)） 赤 赤 赤

② ——の かん字の よみがなを、（ ）に ひらがなで かきましょう。

1 赤い 花が さいた。（あか）
2 青い リボン。（あお）
3 白い くつを はく。（しろ）
4 早く おきる。（はや）

24の こたえ

24 かん字の れんしゅう 学・校・男・女

① うすい 字を なぞって かん字を かきましょう。

女（ジョ・おんな） 女 女 女
男（ダン・ナン・おとこ） 男 男 男
校（コウ） 校 校 校
学（ガク・まな(ぶ)） 学 学 学

② ——の かん字の よみがなを、（ ）に ひらがなで かきましょう。

1 学しゅうを する。（がく）
2 学校へ いく。（がっこう）
3 男の 人。（おとこ）
4 男女（だんじょ）

25の こたえ

25 かん字の れんしゅう 出・入・休・糸

① うすい 字を なぞって かん字を かきましょう。

糸（シ・いと） 糸 糸 糸
休（キュウ・やす(む)・やす(まる)・やす(める)） 休 休 休
入（ニュウ・い(る)・い(れる)・はい(る)） 入 入 入
出（シュツ・で(る)・だ(す)） 出 出 出

② ——の かん字の よみがなを、（ ）に ひらがなで かきましょう。

1 ゲンガーが 出た。（で）
2 へやに 入る。（はい）
3 休みじかん。（やす）
4 白い 糸。（いと）

26の こたえ

26 かん字の れんしゅう 正・立・天・気

① うすい 字を なぞって かん字を かきましょう。

気（ケ・キ） 気 気 気
天（テン・あま） 天 天 天
立（リツ・た(つ)・た(てる)） 立 立 立
正（セイ・ショウ・ただ(しい)・ただ(す)・まさ） 正 正 正

② ——の かん字の よみがなを、（ ）に ひらがなで かきましょう。

1 正しい こたえ。（ただ）
2 はたを 立てる。（た）
3 天の川。（あま）
4 天気よほう（てんき）

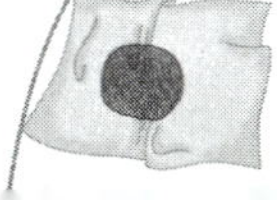

27の こたえ

27 かん字の れんしゅう 雨・空・見・音

① うすい 字を なぞって かん字を かきましょう。

音（オン・おと・ね） 音 音 音
見（ケン・み(る)・み(える)・み(せる)） 見 見 見
空（クウ・そら・あ(く)・あ(ける)・から） 空 空 空
雨（ウ・あめ・あま） 雨 雨 雨

② ——の かん字の よみがなを、（ ）に ひらがなで かきましょう。

1 雨が ふる。（あめ）
2 青い 空。（そら）
3 山を 見る。（み）
4 音がくを きく。（おん）

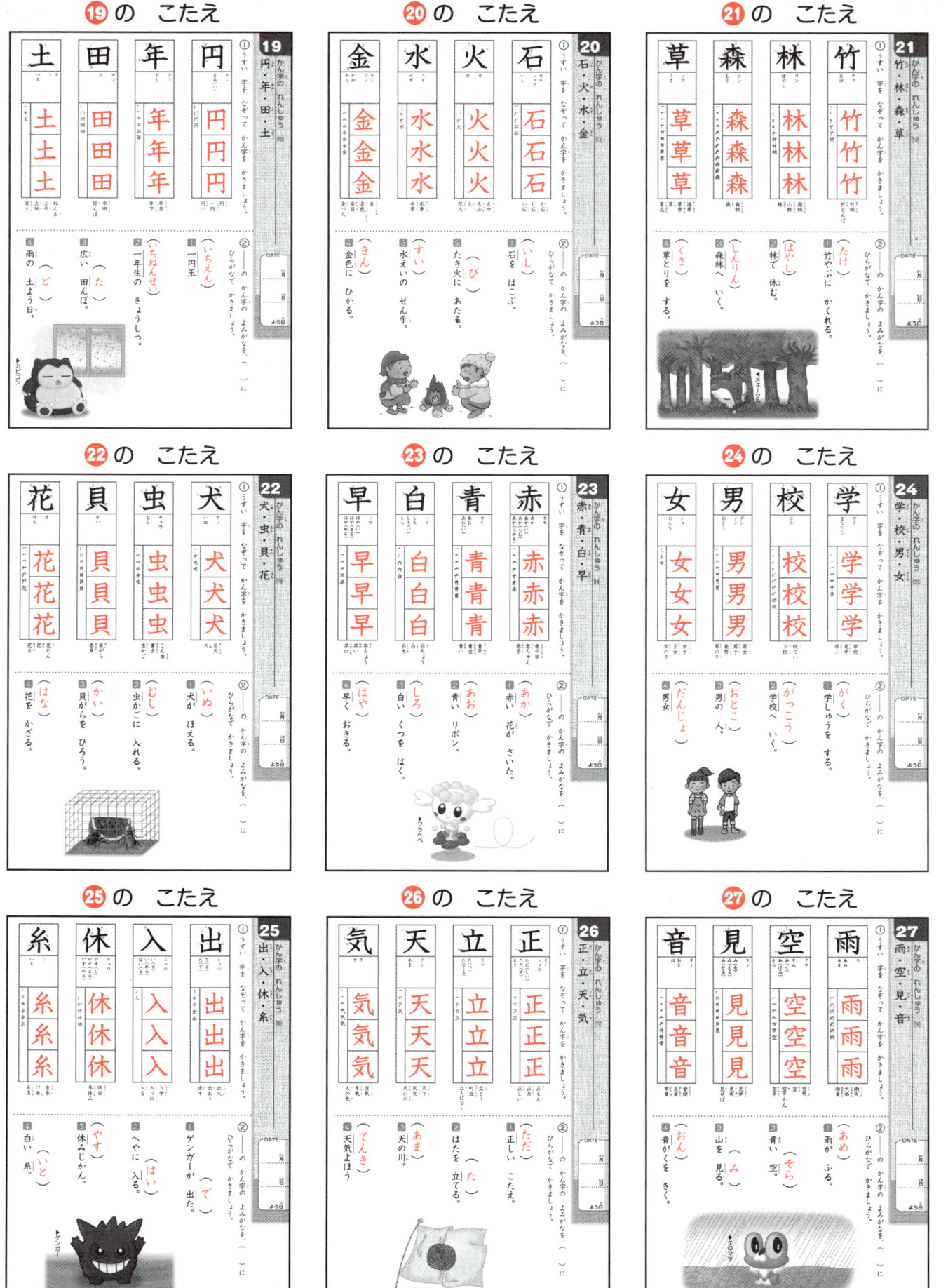

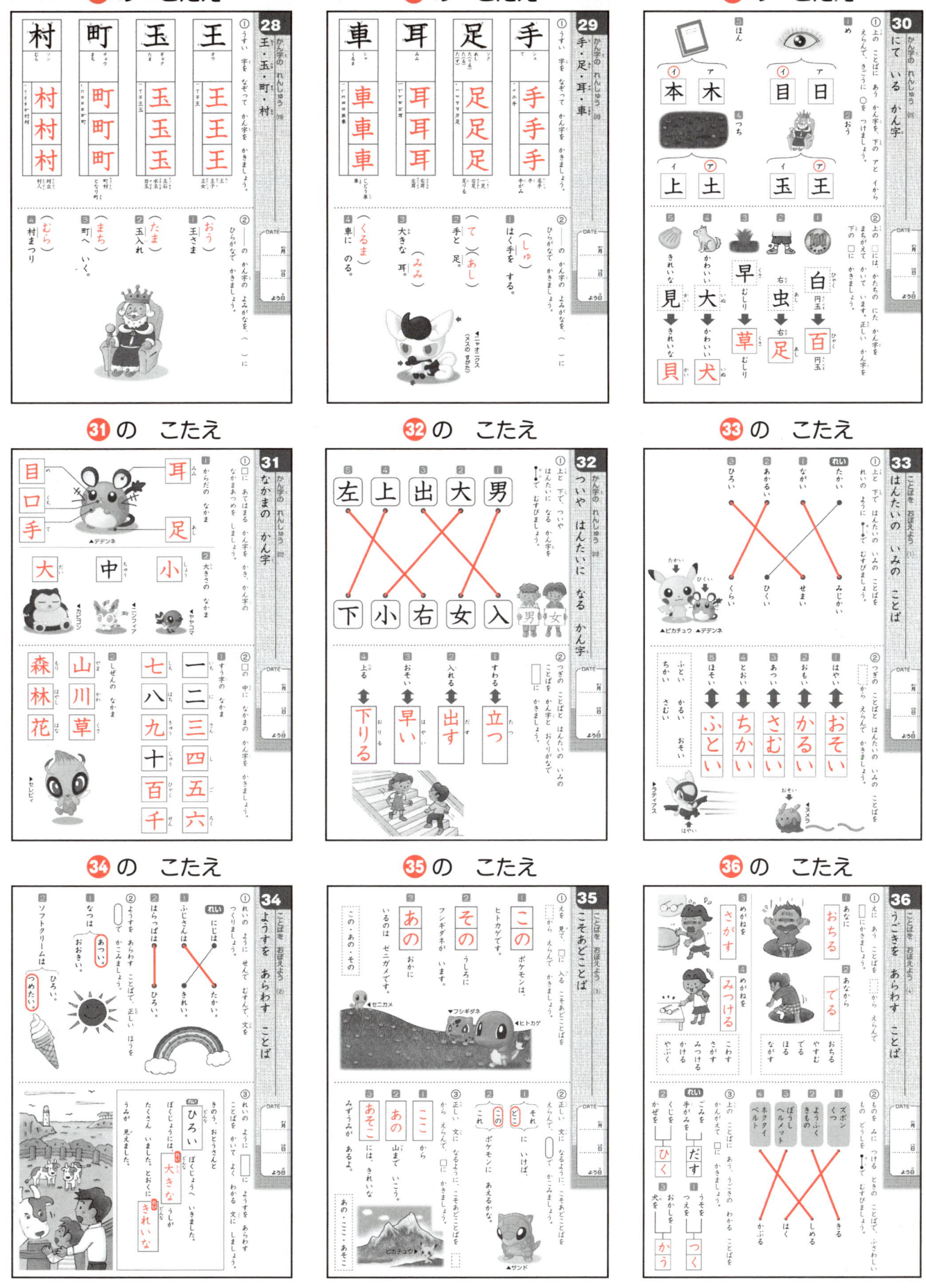

28 かん字の れんしゅう ⑲ 王・玉・町・村

① うすい 字を なぞって かん字を かきましょう。

- 王《オウ》 王 王 王 （王子《おうじ》・王女）
- 玉《ギョク・たま》 玉 玉 玉 （玉石・水玉・目玉）
- 町《チョウ・まち》 町 町 町 （町村・となり町）
- 村《ソン・むら》 村 村 村 （村立・村人）

② ――の かん字の よみがなを、（　）に ひらがなで かきましょう。

1 王さま（おう）
2 玉入れ（たま）
3 町へ いく。（まち）
4 村まつり（むら）

29 かん字の れんしゅう ⑳ 手・足・耳・車

① うすい 字を なぞって かん字を かきましょう。

- 手《シュ・て》 手 手 手 （名手・手・手がみ）
- 足《ソク・あし・た(りる)・た(る)・た(す)》 足 足 足 （一足・右足・足りる）
- 耳《みみ》 耳 耳 耳 （右耳・左耳）
- 車《シャ・くるま》 車 車 車 （車・じどう車）

② ――の かん字の よみがなを、（　）に ひらがなで かきましょう。

1 はく手を する。（しゅ）
2 手と 足。（て）（あし）
3 大きな 耳。（みみ）
4 車に のる。（くるま）

▲ニャオニクス（メスの すがた）

30 かん字の れんしゅう ㉑ にて いる かん字

① 上の ことばに あう かん字を、下の アと イから えらんで、きごうに ○を つけましょう。

1 め　ア 日　(イ) 目
2 おう　(ア) 王　イ 玉
3 ほん　ア 木　(イ) 本
4 つち　(ア) 土　イ 上

② 上の □には、かたちの にた かん字を まちがえて かいて います。正しい かん字を 下の □に かきましょう。

1 白円玉 → 百円玉
2 右虫 → 右足
3 早むしり → 草むしり
4 かわいい大 → かわいい犬
5 きれいな見 → きれいな貝

31の こたえ

31 かん字の れんしゅう ㉒ なかまの かん字

① □に あてはまる かん字を かき、かん字の なかまあつめを しましょう。

1 からだの なかま：耳《みみ》 足《あし》 目《め》 口《くち》 手《て》　▲デデンネ
2 大きさの なかま：小《しょう》 中《ちゅう》 大《だい》　▲ヤヤコマ ▲ニンフィア ▲カビゴン

② □の 中に なかまの かん字を かきましょう。

1 すう字の なかま：一 二 三 四 五 六 七 八 九 十 百 千
2 しぜんの なかま：山《やま》 川《かわ》 草《くさ》 森《もり》 林《はやし》 花《はな》　▲セレビィ

32の こたえ

32 かん字の れんしゅう ㉓ ついや はんたいに なる かん字

① 上と 下で、ついや はんたいに なる かん字を ●―●で むすびましょう。

1 男 ― 女
2 大 ― 小
3 出 ― 入
4 上 ― 下
5 左 ― 右

② つぎの ことばと はんたいの いみの ことばを かん字と おくりがなで □に かきましょう。

1 すわる ⇔ 立つ
2 入れる ⇔ 出す
3 おそい ⇔ 早い
4 上る ⇔ 下りる

33の こたえ

33 ことばを おぼえよう ① はんたいの いみの ことば

① 上と 下で はんたいの いみの ことばを、れいの ように ●―●で むすびましょう。

れい たかい ― ひくい
1 ながい ― みじかい
2 あかるい ― くらい
3 ひろい ― せまい

▲ピカチュウ ▲デデンネ

② つぎの ことばと はんたいの いみの ことばを □から えらんで かきましょう。

1 はやい ⇔ おそい
2 おもい ⇔ かるい
3 あつい ⇔ さむい
4 とおい ⇔ ちかい
5 ほそい ⇔ ふとい

（ふとい　かるい　ちかい　さむい　おそい）

▲ラティアス ▲ヌメラ

34の こたえ

34 ことばを おぼえよう ② ようすを あらわす ことば

① れいの ように せんで むすんで、文を つくりましょう。

れい にじは ― きれい。
1 ふじさんは ― たかい。
2 はらっぱは ― ひろい。

② ようすを あらわす ことばで、正しい ほうを ○で かこみましょう。

1 なつは（あつい。）
2 ソフトクリームは（つめたい。）

③ れいの ように □に ようすを あらわす ことばを かいて よく わかる 文に しましょう。

きのう、おとうさんと ぼくじょうへ いきました。ぼくじょうには、（れい）ひろい ぼくじょうには、大きな うしが たくさん いました。とおくに きれいな うみが 見えました。

35の こたえ

35 ことばを おぼえよう ③ こそあどことば

① えを 見て、□に 入る こそあどことばを □から えらんで かきましょう。

1 この ポケモンは、ヒトカゲです。
2 その うしろに フシギダネが います。
3 あの おかに いるのは ゼニガメです。

（この・あの・その）

▲セニガメ ▲フシギダネ ▲ヒトカゲ

② 正しい 文に なるように、こそあどことばを えらんで、○で かこみましょう。

1 （それ・どこ）に いけば、 → どこ
2 （この・これ）ポケモンに あえるかな。 → この

▲サンド

③ 正しい 文に なるように、□に こそあどことばを から えらんで かきましょう。

1 ここ から
2 あの 山まで いこう。
3 あそこ には、きれいな みずうみが あるよ。

（あの・ここ・あそこ）

36の こたえ

36 ことばを おぼえよう ④ うごきを あらわす ことば

① えに あう ことばを □から えらんで □に かきましょう。

1 あなに おちる
2 あなから でる
3 めがねを さがす
4 めがねを みつける

（おちる　やすむ　でる　ほる　ながす）
（こわす　さがす　みつける　かける　やぶく）

② ものを みに つける ときの ことばで、ふさわしい ものどうしを ●―●で むすびましょう。

1 ズボン・くつ ― はく
2 ようふく・きもの ― きる
3 ぼうし・ヘルメット ― かぶる
4 ネクタイ・ベルト ― しめる

③ 上の ことばに あう、うごきの わかる ことばを かんがえて □に かきましょう。

れい ごみを／手がみを → だす
1 うそを／えを → つく
2 くじを／かぜを → ひく
3 おかしを／犬を → かう

37の こたえ

37 くみあわせことば
ことばを おぼえよう ⑸

① つぎの 二《ふた》つの ことばを くみあわせて、ひとつの ことばを つくりましょう。

1 すな ＋ あらし → すなあらし
2 かえん ＋ ほうしゃ → かえんほうしゃ
3 こな ＋ ゆき → こなゆき

② つぎの ことばは、どんな ことばの くみあわせですか。二《ふた》つの ことばに わけましょう。

DATE 月 日 よう日

1 むしかご → むし ＋ かご
2 まどガラス → まど ＋ ガラス
3 えはがき → え ＋ はがき

③ 上《うえ》と 下《した》の ことばを くみあわせて ●—● で むすび できた くみあわせを □に かきましょう。

1 メロン — パン → メロンパン
2 かみ — コップ → かみコップ
3 うで — とけい → うでどけい

38の こたえ

38 つなぐ ことば(1)
ことばを おぼえよう ⑹

① □に だから か けれども の どちらかを かき 入れましょう。

1 ぼくは とても つかれました。
だから、少《すこ》し 休《やす》みました。

けれども、休《やす》みませんでした。

2 とつぜん 雨《あめ》が ふって きました。
けれども、かさを さしませんでした。

だから、かさを さしました。

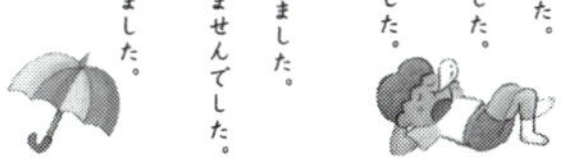

② つぎの （ ）に あてはまる 文《ぶん》を ［ ］から さがして きごうで かきましょう。

DATE 月 日 よう日

1 うちの 犬《いぬ》が ほえて います。なぜなら （ウ）。
2 うちの 犬《いぬ》が ほえて います。また （ア）。

ア となりの うちの 犬《いぬ》も ほえて います。
イ ねこが あわてて にげました。
ウ あやしい 人《ひと》が いたからです。

③ （ ）に あてはまる つなぎことばを ［ ］から さがして きごうで こたえましょう。

学校《がっこう》に あわてて はしって いきました。

1 （イ）、まにあいませんでした。
2 （ア）、ちこくしそう だったからです。

ア なぜなら　イ でも

39の こたえ

39 つなぐ ことば(2)
ことばを おぼえよう ⑺

① □の 中《なか》の 文《ぶん》を 二《ふた》つの 文《ぶん》に しました。正《ただ》しい ほうを えらんで、きごうに ○を つけましょう。

おなかが すいたので、きのみを たべた。

㋐ おなかが すいた。だから、きのみを たべた。
イ おなかが すいた。でも、きのみを たべた。

② つぎの 文《ぶん》の （ ）に あう ことばを ［ ］から えらんで かきましょう。

1 かてそうに ない ポケモンと 出《で》あった （ので） にげ出《だ》した。
2 きのみを たくさん たべた （のに）、もっと たべられそうだ。

［ので　のに　だけど］

③ つぎの □には、「のに」「ので」の どちらかが 入《はい》ります。ふさわしい ほうを 書《か》きましょう。

DATE 月 日 よう日

1 ねむく なった ので、あくびが 出《で》ました。
2 いままで はれて いた のに、雨《あめ》が ふって きた。
3 たまごは われやすい ので、おとさないでね。
4 ちゅういして いた のに、たまごを わって しまった。

40の こたえ

40 かぞえる ことば
ことばを おぼえよう ⑻

① 1から 3の ものは、どう かぞえる でしょう。正《ただ》しい ものと ●—● で むすびましょう。

れい 本《ほん》 — 一《いっ》さつ
1 にんじん — 一《いっ》ぽん
2 ラーメン — 一《いっ》ぱい
3 きゃべつ — 一《いっ》こ（一《ひと》玉《たま》）

② つぎの ものを かぞえる ことばを、●—● で むすびましょう。

DATE 月 日 よう日

1 ノート・え本《ほん》 — 一さつ、二さつ
2 車《くるま》・じてん車《しゃ》 — 一だい、二だい
3 しゃしん・下《した》じき — 一まい、二まい

③ つぎの 文《ぶん》の （ ）に かぞえる ことばを 入れましょう。

1 本《ほん》を 三（さつ）かりて きました。
2 「たまごを 六（こ）、きゅうりを 三（本）かってきて。」と、おかあさんに たのまれました。

41の こたえ

41 気もちを あらわす ことば
ことばを おぼえよう ⑼

① 気《き》もちを あらわす ことばが 正《ただ》しく つかわれて いる ほうの きごうに ○を つけましょう。

1
ア ポケモンを つかまえられそうで はらはらした。
㋑ ポケモンに にげられそうで はらはらした。

2
㋐ みずあびして、きれいに なって せいせいした。
イ からだが よごれて せいせいした。

② つぎの くりかえしことばと おなじ 気《き》もちを あらわす ことばを 下《した》から えらんで ●—● で むすびましょう。

DATE 月 日 よう日

れい うきうき — たのしい
1 びくびく — こわい
2 もじもじ — はずかしい
3 そわそわ — おちつかない

③ （ ）に あてはまる ことばを ［ ］から さがして かきましょう。

1 一人《ひとり》で あそんでも（つまらない）。
2 みんなと あそぶと（たのしい）。
3 へやが きたないので（はずかしい）。
4 はしり つづけたので（くるしい）。
5 おばけが 出《で》たら（おそろしい）。

［はずかしい　つまらない　たのしい　おそろしい　くるしい］

42の こたえ

42 おなじような いみの ことば
ことばを おぼえよう ⑽

① つぎの □の ことばと、おなじような いみに なる ことばを さがして ●—● で むすびましょう。

1 みちを きく。 — たずねる
2 雨《あめ》が あがる。 — やむ
3 ドアを ひらく。 — あける
4 くすりを つける。 — ぬる

② ——と、おなじような いみの ことばを ［ ］から さがして、（ ）に かきましょう。

1 車《くるま》の 音《おと》が うるさい。（さわがしい）
2 この もんだいは やさしい。（かんたん）
3 きずついた つるを たすける。（すくう）
4 とらの 目《め》が おそろしい。（こわい）
5 出《で》かけて すぐに かえる。（もどる）

［すくう　もどる　こわい　さわがしい　かんたん］

③ つぎの ——の ことばと おなじような いみの ことばを かんがえて □に あうように ひらがなで かきましょう。

DATE 月 日 よう日

れい れんしゅうは くるしい。／れんしゅうは きつい。
1 とても うつくしい 花《はな》。／とても きれいな 花《はな》。
2 学校《がっこう》は いえの ちかくに あります。／学校《がっこう》は いえの そばに あります。
3 ともだちと 手《て》を にぎって あるく。／ともだちと 手《て》を つないで あるく。

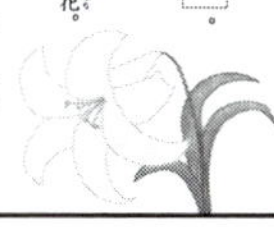

43の こたえ

43 かんようく
ことばを おぼえよう ⑾

① つぎの ことばの いみに あう ものを、アと イから えらんで、きごうに ○を つけましょう。

1 口《くち》が かるい。
ア おとなしい。
㋑ おしゃべりで ある。

2 のどから 手《て》が 出《で》る。
㋐ とても ほしい。
イ とても くるしい。

3 しりに 火《ひ》が つく。
ア とても あつい。
㋑ とても あわてる。

4 ほねが おれる。
ア とても いたい。
㋑ とても くろうする。

② □に あてはまる ことばを ［ ］から さがして かき、かんようくを かんせいさせましょう。

DATE 月 日 よう日

1 ねこの 手 も かりたい。
いみ とても いそがしい。

2 かおから 火 が 出《で》る。
いみ とても はずかしい。

3 三 日《か》 ぼうず。
いみ あきっぽい 人《ひと》の こと。

4 目 を まるく する。
いみ びっくりする。おどろく。

5 うり 二 つ。
いみ そっくりな こと。

［三　目　手　一　火 …］

44の こたえ

44 ことわざ
ことばを おぼえよう ⑿

① つぎの ことわざの □に あてはまる ことばを ［ ］から さがして かきましょう。

1 ねこ に 小《こ》ばん
いみ ねうちの わからない ものに だいじな ものを あたえても、やくに 立《た》たないと いう こと。

2 かべに 耳《みみ》 あり しょうじに 目《め》あり
いみ どこで だれが 見《み》たり きいたり して いるか、わからないと いう こと。

3 うま の 耳《みみ》に ねんぶつ。
いみ いくら ちゅういしても ききめが ない。ありがたい はなしも やくに 立《た》たない。

［ぶた　ねこ　うま　口《くち》　耳《みみ》］

② 1～4の ことわざ かるたの いみを 下《した》の カードから さがして、●—● で むすびましょう。

DATE 月 日 よう日

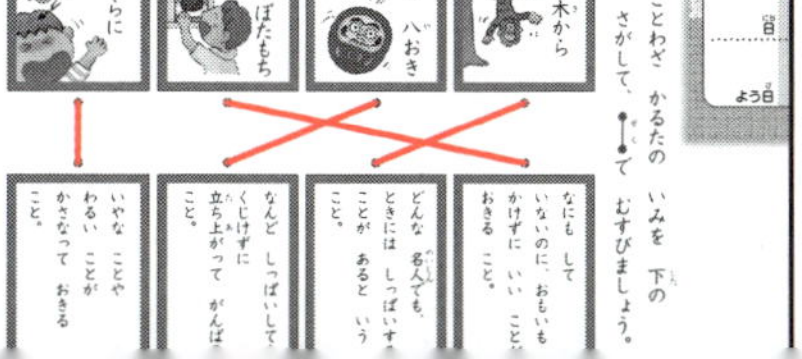

45の こたえ

45 文て つかう きごう
文しょうの れんしゅう ⑴

① つぎの ［ ］には 文《ぶん》が 三《みっ》つ かかれて います。文《ぶん》の おわりに 「。」を つけましょう。

きょうは 雨《あめ》が ふって います。みんなは かさを さして あるいて います。ぼくは これから ポケモンセンターに いく ところです。

② 1と 2の うち、「 」の かきかたの 正《ただ》しい ほうに ○を つけましょう。

1 （ ）男《おとこ》の子が 女《おんな》の子に、「ぼくの イーブイが ニンフィアに しんかしたよ。と いいました。」

2 （○）男《おとこ》の子が 女《おんな》の子に、「ぼくの イーブイが ニンフィアに しんかしたよ。」と いいました。

※ポケモンは しんかして、べつの すがたに なる ことが あるよ。

③ つぎの 文《ぶん》で はなした ことばを さがして、「 」を つけましょう。

DATE 月 日 よう日

男《おとこ》の子が
「まぼろしの ポケモン、セレビィを 見《み》つけたよ。」

と いいました。

女《おんな》の子は
「どこに いるの。」

と いいました。

さがしても セレビィは 見《み》つかりません。

「いないわよ。」

と 女《おんな》の子が いうと、

「さっきまで、ここに いたんだよ。」

と、男《おとこ》の子は あたりを きょろきょろ 見《み》まわしながら いいました。

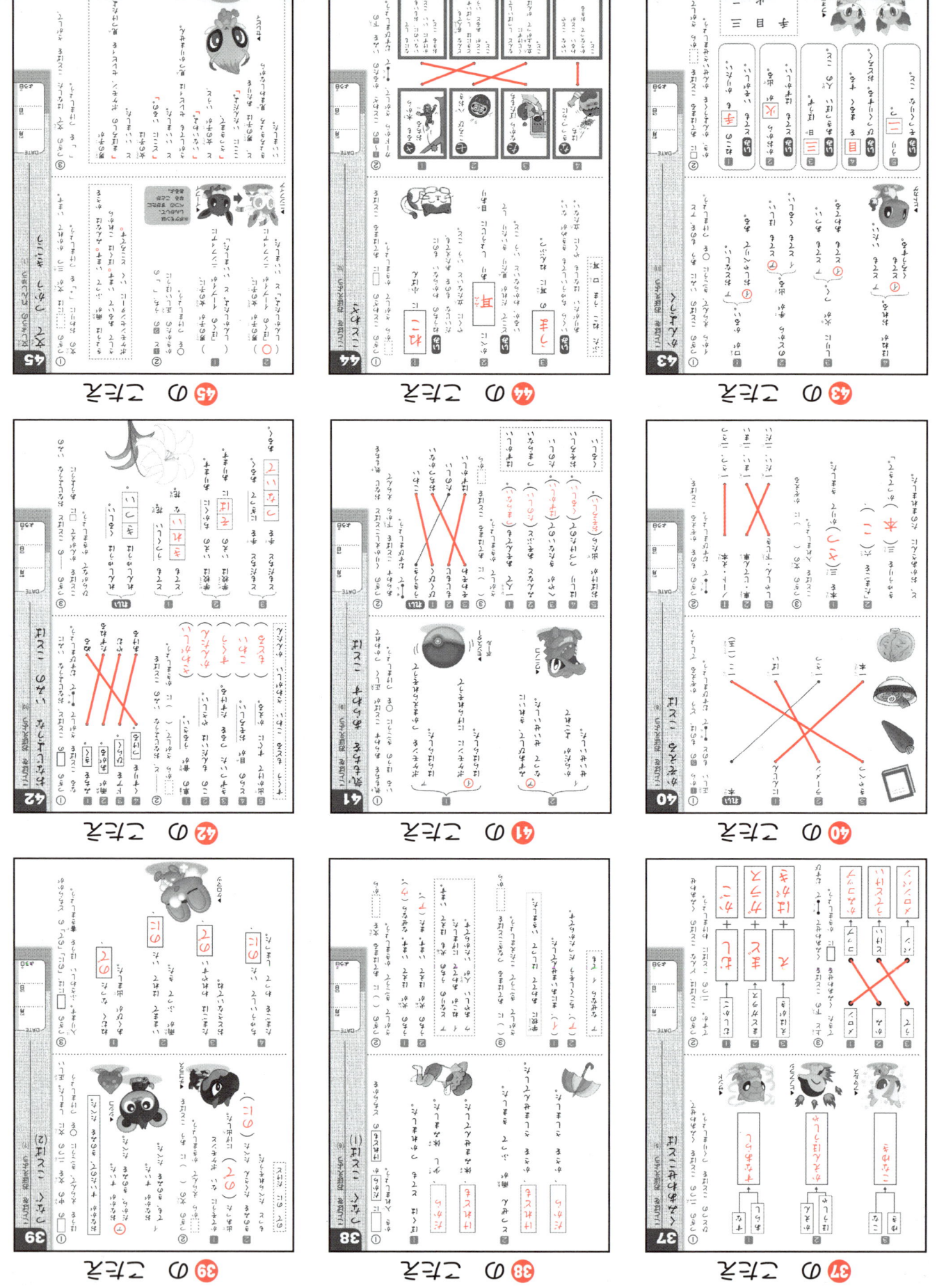

の　こたえ

46 文の かたち

文しょうの れんしゅう (2)

DATE 月 日 よう日

① えに あう 文に なるように、正しい ことばを えらんで ◯で かこみましょう。

1 { **女の子は** / おかあさんは } かぜで ねて います。

2 { 女の子は / **おかあさんは** } しんぱいして います。

② つぎの 文を よんで、「〜が」に あたる ことばを [ ]から えらび、( )に かきましょう。

1 (あげはちょうが)、とんで います。

2 となりの (いぬが)、ないて います。

3 空に (くもが)、うかんで います。

4 赤い (くるまが)、はしって います。

5 (あめが)、ふって います。

[くもが　くるまが　いぬが　あげはちょうが　あめが]

③ だれが どうして いるでしょう。えに あう 文に なるように、ことばを じゆうに かんがえて ( )に かいて みましょう。

1 

男の子と おとうさんが (れい ゆきだるま)を (れい つくって) います。

2 

女の子が (れい バイオリン)を (れい ひいて) います。

3 

男の子が おかあさんと (れい キリン)を (れい みて) います。

の　こたえ

47 ていねいな いいかた

文しょうの れんしゅう (3)

DATE 月 日 よう日

① つぎの ―の ことばを ていねいな いいかたに しましょう。

れい 本を よむ。→ (よみます)。

1 ずつきを する。→ (します)。

2 ずつきを しない。→ (しません)。

3 ずつきを した。→ (しました)。

② つぎの ―の ことばを、ていねいな いいかたに しましょう。

れい いい 天気だ。→ (天気です)。

1 くさタイプの ポケモンが すきだ。→ (すきです)。

2 くさタイプの ポケモンが すきだった。→ (すき でした)。

3 くさタイプの ポケモンが すきでは ない。→ (すきでは ありません)。

③ つぎの 文を、ていねいな いいかたに かきなおしましょう。

やせいの ポケモンに 出あった。
バトルが はじまった。

→ やせいの ポケモンに 出あいました。
バトルが はじまりました。

の　こたえ

48 おはなしを かんせいさせよう

文しょうの れんしゅう (4)

DATE 月 日 よう日

つぎの 文を よんで、下の もんだいに こたえましょう。

アリが 林(れい)の 中の いずみの [1]を のもうと して おちて しまいました。そばの [2]に とまって いた ハトは、おぼれて いる アリを 見て、すばやく はっぱを [3]まい くわえて とぶと、アリの そばに おとしました。アリは、はっぱの [4]に のって たすかりました。

しばらくして、てっぽうを もった [5]が、林の [6]に [7]って きました。そして 木に とまって いる ハトに てっぽうを むけました。

でも ハトは それに 気づいて いません。その ときです。アリが [8]の 足に がぶりと かみついたのです。[9]は いたくて こえを あげました。すると、それに 気づいた ハトは、ぶじに にげる ことが できたのです。

上の おはなしの 1〜9に あてはまる かん字を [ ]の 中から さがして かきましょう。(おなじ かん字を なんかい つかっても かまいません。)

1 水　2 木　3 一　4 上　5 男　6 中　7 入　8 男　9 男

[林　男　水　木　中　入　上　一]

49 の　こたえ

49 文を つくろう

文しょうの れんしゅう (5)

DATE 月 日 よう日

えに あう 文を つくりましょう。[ ]に あてはまる ことばを じゆうに かんがえて かきましょう。

1 

[ソーナンス]が あなに おちました。あなを [れい ほった]のは、サンドの ようです。その ようすを とおくから、アチャモが [れい みていました]。

2 

雨が [れい ふって います]。フシギダネは 木の 下で 雨やどりを [れい しています]。ケロマツは 雨の 中、へいきで [れい ねむって います]。

3 

フォッコが [れい モンスターボール]を 見つけました。その うしろには [れい マルマイン]が います。モンスターボールと マルマインが よく にているので [れい コダック]は ふしぎそうです。

50 の　こたえ

50 せつめいしよう

文しょうの れんしゅう (6)

DATE 月 日 よう日

えを 見て、かたちや とくちょうなどを せつめいして みましょう。れいに ならって、文を 三つ かいて みましょう。

れい ぞう

- はなが ながい
- 耳が 大きい
- からだが 大きい

1 たこ

- れい からだが 赤い
- れい 足が 8本ある
- れい あたまが 大きい

2 パンダ

- れい かおが かわいい
- れい からだの いろが 白と くろ
- れい 耳が まるい

3 ゆきだるま

- れい いろが 白い
- れい からだが まるい
- れい 足が ない

51 の　こたえ

51 りゆうを かこう

文しょうの れんしゅう (7)

DATE 月 日 よう日

二つの ものを くらべて、どちらが すきか りゆうを かんがえて じゆうに かいて みましょう。

れい ラティオスと ラティアス

ぼくは (わたしは) ラティアスが すきです。

なぜなら 青いろよりも 赤いろの ほうが すきだ からです。

1 ピカチュウと デデンネ

←あなたの こたえは?

れい ぼくは デデンネが すきです。

なぜなら れい ほっぺの アンテナが かっこいい からです。

2 メタモンと ペロッパフ

←あなたの こたえは?

れい わたしは ペロッパフが すきです。

なぜなら れい からだが フワフワして やわらかそう からです。

3 ユニランと コダック

←あなたの こたえは?

れい ぼくは コダックが すきです。

なぜなら れい あたまを おさえている ポーズが かわいい からです。

52 の　こたえ

52 れいを かこう

文しょうの れんしゅう (8)

DATE 月 日 よう日

わかりやすい れいを かく れんしゅうを します。「たとえば」に つづく 文を かんがえて かきましょう。

れい [すきな あそびは?]

ぼくには (わたしには)、すきな あそびが あります。

たとえば、こまを まわして あそぶのが すきです。

1 [にが手な ものは?]

ぼくには (わたしには)、にが手な ものが あります。

たとえば、さむい 日が にが手です。

2 [学校で たのしみな ことは?]

学校では たのしみな ことが あります。

たとえば、休みじかんに みんなで おしゃべりするのが たのしみです。

3 [すきな ばしょは?]

わたしには すきな ばしょが あります。

たとえば、ふじ山が 見える ベランダが すきです。

53 の　こたえ

53 にて いる ところを かこう

文しょうの れんしゅう (9)

DATE 月 日 よう日

二つの ものを ならべて、にて いる ところを さがして かいて みましょう。

れい ピカチュウと ピチュー

- ほっぺが まるい
- 耳が 大きい
- からだが きいろい

1 マイナンと プラスル

れい
- 耳の かたち
- かおが そっくり
- ほっぺに マークが ある

2 マルマインと モンスターボール

れい
- からだが まるい
- いろが 2しょくに わかれて いる

3 カビゴンと マンムー

れい
- つよくて やさしそう
- たいもうが フカフカ あたたかそう

54 の　こたえ

54 おしえて どうぶつくん

文を よんで かんがえよう (1)

DATE 月 日 よう日

かめと かにが じぶんの ことを しょうかいして います。下の もんだいに こたえましょう。

ぼくは あしは おそいけど、水の 中では すいすい およげるんだ。それに、なが生きも するんだよ。こわい てきが きても、くびや あしを ひっこめて しまえば だいじょうぶ。かたい こうらが まもって くれるんだ。さむい ふゆは にが手だから、ゆっくり ねて すごすんだよ。

りくでも 水の 中でも へいきだよ。ひるは、見つからないように、いわの かげに かくれて いるよ。かたい からで みを まもり、大きな はさみで てきと たたかうんだ。ときどき あわを ふくけれど、それは、くるしい ときさ。きれいな 水が ほしく なった ときなんだよ。

1 ア〜オは、どちらの ことですか。あてはまる きごうを、[ ]に かきましょう。

ア 大きな はさみで たたかう。
イ さむい ふゆは ねて すごす。
ウ あしが おそい。
エ あわを ふく。
オ なが生きを する。

[イ、ウ、オ] 

[ア、エ] 

2 かめと かにの しつもんに こたえましょう。

ぼくは、こわい てきが きたら どう するのかな。

くびや あしを ひっこめる。

ぼくは、ひるには どこに かくれて いるのかな。

いわの かげ。

55の　こたえ

55 おはなしを　よもう　文を　よんで　かんがえよう (2)

つぎの　文を　よんで、もんだいに　こたえましょう。

とけいが　十二を　うちました。
(1)たいへんです。しんでれらは　あわてて　かいだんを　かけ下りました。なぜって、十二じを　すぎると、まほうが　とけて　しまうのです。
きれいな　どれすも　ば車も　みんな、まほうで　こしらえて　もらった　ものです。十二じを　すぎる　まえに、早く　この　おしろを　出て　いかなければ　なりません。
でも　しんでれらは　とても　あわてたので、がらすの　(2)くつが　ぬげて　しまいました。

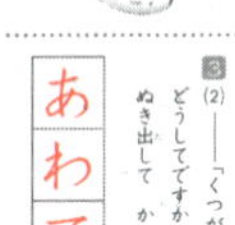

1 右の　文の　中から、かたかなで　かく　ことばを　三つ　さがして　かたかなで　かきましょう。

シンデレラ　ドレス　ガラス

2 (1)――「たいへんです」と　ありますが、どんな　ことが　たいへんなのですか。□に　あてはまる　ことばを　かきましょう。

十二じ　を　すぎると　まほう　が　とけて　しまう　こと。

▲パケッチャ

3 (2)――「くつが　ぬげて」しまったのは、どうしてですか。その　わけを　四字で　ぬき出して　かきましょう。

あわてた　ので

56の　こたえ

56 カタツムリの　ひみつ　文を　よんで　かんがえよう (3)

つぎの　文を　よんで　もんだいに　こたえましょう。

カタツムリを　見つけるには、どう　したら　いいでしょう。
はれた　日には　あまり　うごきまわりません。草の　ねもとや、はの　うらなどに　かくれて　います。
雨の　日や、雨が　上がった　あとなどには、うごきまわるので　よく　見つける　ことが　できます。
雨の　おおい　六月などは、みなさんも　よく　見る　ことが　あるでしょう。
でも、あつい　なつは　にがてです。日の　あたらない　ところで、からの　中に　とじこもって　じっと　して　います。
カタツムリが、雨が　すきな　わけは、もともと　うみに　すむ　まき貝の　なかまだったからです。せなかの　からを　よく　見ると、貝の　かたちを　して　いますね。

1 はれた　日は、カタツムリは　どう　して　いますか。正しい　きごうに　一つだけ　○を　つけましょう。

ア　よく　うごき　まわって　いる。
㋑　草の　ねもとや　はの　うらに　かくれている。
ウ　うみに　すんで　いる。

2 カタツムリを　よく　見かけるのは　いつごろですか。□に　あてはまる　ことばを　かきましょう。

雨の　おおい　六月

3 カタツムリに　ついて、正しい　文の　きごうに　二つ　○を　つけましょう。

ア　なつが　大すきです。
㋑　まき貝の　なかまです。
ウ　雨の　日は　じっと　して　います。
㋓　なつは、からの　中に　とじこもって　います。

57の　こたえ

57 はなって　なあに？　文を　よんで　かんがえよう (4)

つぎの　文を　よんで　もんだいに　こたえましょう。

「かおの　まん中に　ある　小さな　山、二つの　トンネル　あいてます。これ　なあに？」
この　(1)なぞなぞの　こたえは、すぐに　わかりますね。そうです。「はな」ですね。
ところで、(2)「はな」は、なにを　する　ために　あるのでしょうか。
一つは、いきを　する　ためですね。くうきを　からだの　中に　入れたり、だしたり　する　ことで、わたしたちは　生きて　います。「はな」は、とても　たいせつな　はたらきを　しているのです。
二つ目は、においを　かぐ　ためです。くさった　ものの　いやな　においや　こげる　におい、きけんな　ものは　においで　わかります。(3)(　)、においを　かぐ　ことで　きけんを　しる　ことが　できるのです。
これも　「はな」の　たいせつな　はたらきです。

▼マンムー

1 (1)――「なぞなぞの　こたえ」は　なんですか。

はな

2 (2)――「はな」は　なにを　する　ために　あるのでしょうか。二つ　さがして、かきましょう。

いきを　する　ため
においを　かぐ　ため

3 (3)(　)に　あてはまる　つなぎことばに、○を　つけましょう。

しかし・ところが・(ですから)

58の　こたえ

58 どうぶつの　赤ちゃん　文を　よんで　かんがえよう (5)

つぎの　文を　よんで　もんだいに　こたえましょう。

(1)こまった　ことに、どうぶつの　赤ちゃんは　てきに　ねらわれやすいのです。
(　)、まだ　小さくて、こうげきする　力も　もって　いないからです。
その　ため　おやは　こわい　てきから　赤ちゃんを　まもりながら　そだてなければ　なりません。
はるに　なると、(2)カラスが　人げんに　おそいかかる　ことが　ありますが、それは、ちかくで　ひなを　そだてて　いる　ときです。ひなを　まもる　ためなのです。
カンガルーの　赤ちゃんは　おかあさんの　おなかの　ふくろに　入って　います。ふくろの　中に　おちちも　あります。ここで　赤ちゃんを　そだてて　います。こういう　ふくろが　あれば、いつも、そばに　いられるので、あんしんですね。

1 (1)――「こまった　こと」とは、どんな　ことですか。□に　ことばを　かきましょう。

てき　に　ねらわれやすい　こと

2 (　)に　あてはまる　つなぎことばに、○を　つけましょう。

しかし　(なぜなら)　だから

3 (2)――「カラスが　人げんに　おそいかかる」のは、なんの　ためですか。文中から　ぬき出して　かきましょう。

ひなを　まもる　ため

4 カンガルーは　どこで　赤ちゃんを　そだてて　いますか。

おなかの　ふくろ

59の　こたえ

59 ラクダは　らくだ　文を　よんで　かんがえよう (6)

つぎの　文を　よんで　もんだいに　こたえましょう。

水も　草も　ない　すなだらけの　さばくを、へいきな　かおして　歩いて　いる　ラクダは、ふしぎな　どうぶつです。せなかの　こぶも　おもしろいですね。
あれは　いったい　なんでしょう。水でも　つまって　いるのでしょうか。
たしかに　ラクダは、いちどに　たくさんの　水を　のむ　ことが　できます。でも、ラクダの　こぶの　なかみは、「しぼう」です。くるまで　いえば、ガソリンが　入って　いるのと　おなじです。一どに　草を　たくさん　たべて、こぶの　中に　しぼうを　ためて　おく　ことが　できるのです。
また　さばくの　中で　つよい　かぜが　ふくと、すなが　とんで　きます。目に　すなが　入らないように、ラクダの　まつげは　ながいのです。耳にも　ながい　けが　生えて　います。はなの　あなも　しっかり　とじる　ことが　できるんです。
すなから　まもる　ために、目や　耳や　はなが　そう　なって　いるのです。

1 さばくは　どんな　ところですか。□に　あてはまる　ことばを　かきましょう。

水　も　草　も　ない　すな　だらけの　ばしょ。

▲エリキテル　▲サンド

2 ラクダの　こぶには　なにが　つまって　いますか。あてはまる　きごうに　○を　つけましょう。

ア　水　㋑　しぼう　ウ　ガソリン

3 ラクダの　目や　耳や　はなは、どう　なって　いますか。□に　あてはまる　ことばを　かきましょう。

目――まつげ　が　ながい。
耳――ながい　けが　生えて　いる。
はな――しっかり　とじる　ことが　できる。

60の　こたえ

60 さかなって　なに？　文を　よんで　かんがえよう (7)

つぎの　文を　よんで、もんだいに　こたえましょう。

さかなとは、どういう　生きものでしょうか。わかりやすい　とくちょうを　いくつか　あげて　みましょう。
水の　中に　すんで　いる。
せぼねが　ある。
たまごから　生まれる。
足が　なく、ひれが　ある。
えらで　こきゅうする、などです。
タコや　イカや　カニなどには、足が　ありますね。また、せぼねも　ないので、さかなの　なかま　では　ありません。
クジラや　イルカは　水の　中に　すんで　いて、さかなの　ような　すがたを　して　いますが、たまごから　生まれません。
人と　おなじように、赤ちゃんを　うみます。ですから　さかなの　(　)。

1 さかなの　とくちょうに　ついて、つぎの　□に　あてはまる　ことばを　かきましょう。

・水　の　中に　すんで　いる。
・せぼねが　ある。
・たまご　から　生まれる。
・足　が　なく、ひれが　ある。
・えらで　こきゅうする。

2 タコや　イカは、さかなと　どんな　ちがいが　ありますか。二つ　さがして、□に　あてはまる　ことばを　かきましょう。

・足　が　ある。・せぼね　が　ない。

3 (　)に　あてはまる　ことばを、つぎの　中から　えらび、きごうに　○を　つけましょう。

㋐　なかまでは　ありません。
イ　なかまです。

61の　こたえ

61 耳の　はたらき　文を　よんで　かんがえよう (8)

つぎの　文を　よんで　もんだいに　こたえましょう。

三月三日は、「耳の日」と　いう　きねん日にも　なって　います。
かおの　(――)に　とび出して　いる　耳は、よく　見ると　ふしぎな　ものです。
耳の　はたらきは、もちろん、いろいろな　音を　きくと　いう　ことですね。いろいろな　音は、耳の　あなの　中の　「こまく」が　ふるえる　ことで、うけとる　ことが　できるように　なって　います。ですから、耳の　あなを　ふさげば、音は　きこえなく　なります。
そとに　とび出して　いる　耳の　ぶぶんは、なんの　ために　あるのでしょう。これは、音を　あつめる　はたらきを　して　います。
ぞうの　耳は　人げんよりも　とても　大きいですね。耳の　うしろに　手を　あてて　きいて　ごらんなさい。音が　よく　きこえるように　なりますよ。

▲ニャオニクス（オスの　すがた）

1 (――)に　あてはまる　ことばを　つぎから　えらび、きごうに　○を　つけましょう。

ア　上下　㋑　左右　ウ　前後

2 耳の　はたらきは　どういう　ものですか。文中の　ことばを　ぬき出して　こたえましょう。

いろいろな　音を　きく　こと

3 ――「そとに　とび出して　いる　耳の　ぶぶん」は　どんな　はたらきを　して　いますか。

音を　あつめる　はたらき

4 つぎの　㋐・㋑の　ように　するには、耳を　どうすれば　いいでしょう。文中の　ことばを　つかって　こたえましょう。

㋐音を　きこえなくする。
耳の　あなを　ふさぐ

㋑音が　よく　きこえるように　する。
耳の　うしろに　手を　あてる

62の　こたえ

62 ミツバチの　す　文を　よんで　かんがえよう (9)

つぎの　文を　よんで　もんだいに　こたえましょう。

ミツバチの　すを　見た　ことが　ありますか。
ミツバチの　すには、(1)たくさんの　小さな　へやが　あります。たまごや　よう虫の　ための　へや、花ふんや　みつを　ためて　おく　へやなどです。
すには　一ぴきの　女王バチが　います。ほかの　ハチよりも　大きく、一どに　たくさんの　たまごを　うみます。
ほかには、おすバチと　たくさんの　はたらきバチが　います。しごとの　ほとんどは、はたらきバチが　します。
たべもので　ある　花ふんや　みつを　あつめて　くるのも、この　ハチの　しごとです。花に　とまって　いる　ハチは　はたらきバチなのです。
それだけでは　ありません。すを　つくるのも、そうじを　するのも、はたらきバチの　しごとです。てきが　きた　ときは、すを　まもる　ために　たたかいます。
はたらきバチは、ほんとうに　はたらきものの　ハチなのです。

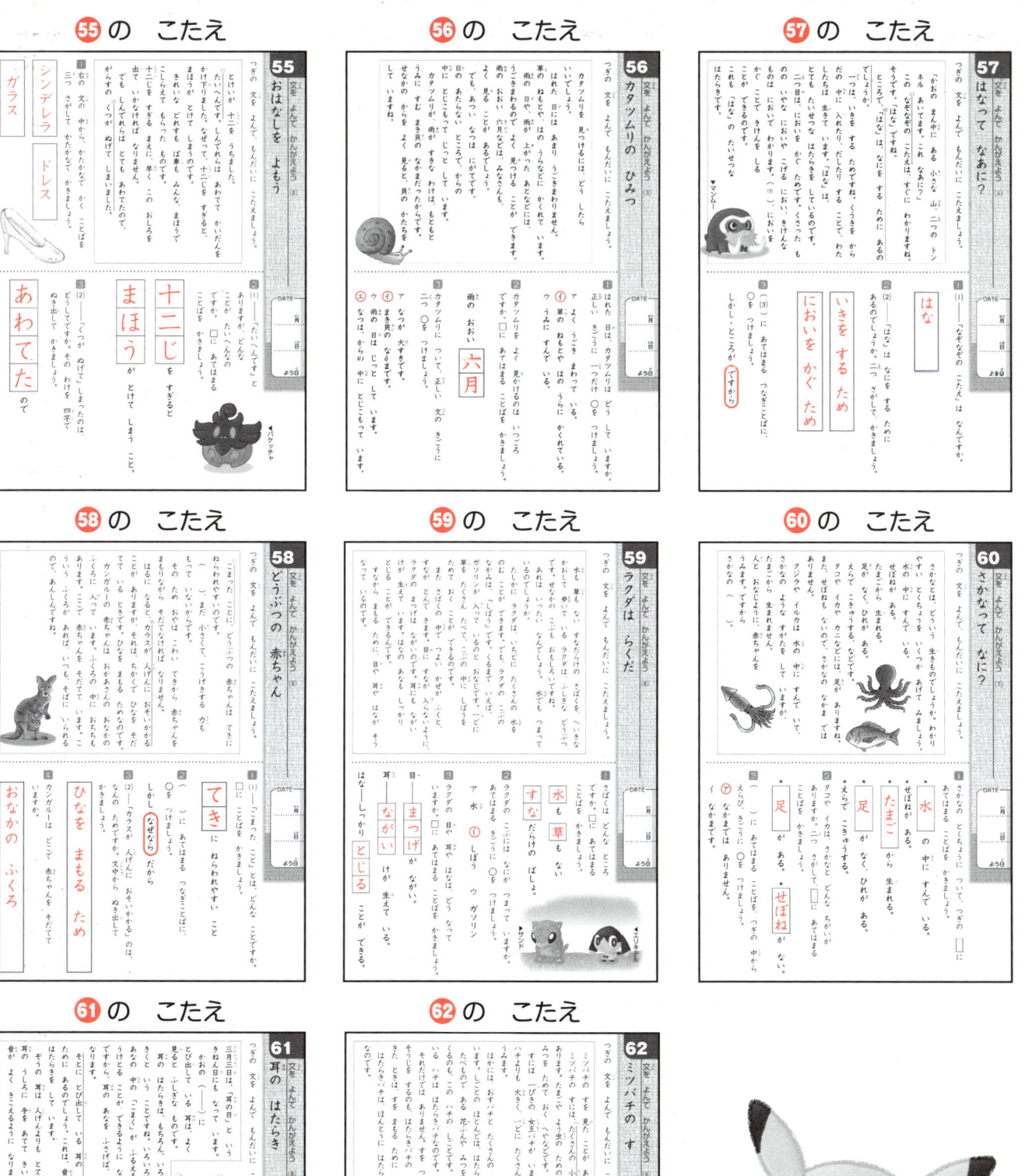

1 (1)――「たくさんの　小さな　へや」とは、どんな　へやですか。□に　あてはまる　ことばを　かきましょう。

・たまご　や　よう虫　の　ための　へや。
・花ふん　や　みつ　を　ためて　おく　へや。

2 ミツバチの　すには、どんな　ハチが　いますか。三つ　さがして　かきましょう。

女王バチ　おすバチ　はたらきバチ

3 はたらきバチは、どんな　しごとを　して　いますか。□に　あてはまる　ことばを　かきましょう。

花ふん　や　みつ　を　あつめて　くる。
す　を　つくる。そうじ　を　する。
てき　と　たたかう。

◀ピカチュウ